U0021490

事情**並非**總是如此
——禪的眞義

Not Always So
Practicing the True Spirit of Zen

《禪者的初心》作者　**鈴木俊隆禪師**（Shunryu Suzuki）◎著

愛德華・艾思比・布朗（Edward Espe Brown）◎編

蔡雅琴◎譯

目 錄

譯者序

鈴木俊隆禪師二三事

　　一九五九年五月，鈴木俊隆禪師抵達美國舊金山機場的時候，他已經五十五歲了。他曾自言：「當我來到美國時，我沒有任何的主意和計畫。」然而，爲什麼一個年過半百的、在故鄉有一定信眾和學生的住持僧侶，要千里迢迢地前來異鄉的國度，向金髮碧眼的洋人一切重頭開始地傳法呢？在他的心裡，所驅策他的強大動力，既非名且非利，亦非舒適享受，那麼，爲什麼他要胼手胝足地教導這些毫無根柢的外國人：唸誦《心經》、打坐經行、戒律，以及禪之道呢？

　　我們從鈴木禪師平生的蛛絲馬跡，或許可以推測出一些端倪：在日本時，作爲一名地方上的寺院主事者，他有做不完的法師、法事之責任義務──然而，那卻不見得是與眞實的修行密切相關的。他是一個極爲眞摯、寬闊的人，經過極爲傷痛的人生苦難──一個曾經體會生命之深邃度的人，是渴望與另外的眞心深切地共鳴的。六祖慧能說：「人雖有南北，佛性無南北。」自古以來，有多位超

越時空藩籬的偉大心靈，在人類的文明史上，無有疆界地閃爍著恆久的光輝；他便是其中的一位。

鈴木禪師說：「人類的命運，是痛苦。」他親身經歷二次世界大戰、世間諸種的悲慘情景，那是由於時空的大環境所致；他亦經過二度喪妻之痛——第一任妻子，因肺結核而必須離開他（在四○年代，那等同於絕症）；第二任妻子，慘遭瘋狂寺僧的砍殺而身亡；他的小女兒，因母親的意外而精神失常。但是，當我們見到這位謙虛、溫和、平實，甚至平凡無奇之長者的微笑和幽默風趣的講法時，這一切生命的刻痕，絲毫不顯。然而，當禪師開示說：「萬事總是遷變流轉，所以沒有你可以擁有的事物。」他所意謂的，實在是從他的肺腑裡、血淚中，流出來的結晶啊！

在那嬉皮的年代，鈴木禪師卻打開他的心，接納、度化那些邋遢不修邊幅，卻有著一顆顆熾熱求法之心的弟子。另一個從事著同樣歷史性工作的人，是晚他十年到達西方的邱陽‧創巴仁波切（1939-1987）。創巴仁波切和鈴木俊隆禪師的相遇，約在一九七○年左右。之前，鈴木禪師已讀過創巴仁波切的著作《動中修行》，並對年輕的創巴仁波切深表讚佩。兩人一見如故，鈴木禪師邀請創巴仁

波切至中心演講；創巴仁波切稱鈴木爲「精神上的導師」，鈴木告訴創巴仁波切：「你有如我的兒子。」他們皆離鄉背井，歷經苦難，卻忘記一己的種種艱辛，弘揚佛法於異地之無量眾生；雖然年紀、教派上甚有差距，然其修行精神的一脈相傳，正如父子。他們的學生互相學習彼此的教法，雖然風格上，兩位大師有天淵之別，但是鈴木禪師深深了解創巴仁波切，他曾經這樣地談到創巴仁波切：「你也許批評他，因爲他喝酒像我喝水一樣，但那是一個次要的問題。他完完全全地信賴你。這種偉大的精神，不執著於某些特定的宗教或修行的形式，是人類所眞正必需的。」

根據鈴木禪師弟子的記述，當禪師圓寂之後，創巴仁波切給予禪中心的弟子開示，他說：「你們失去了一個美好的師父，而我喪失了一個最親愛的朋友。」然後，創巴仁波切開始不可遏抑地，從他的心底，不停地啜泣著，他哭得這麼傷痛，像是要哭出血來。所有在場的禪眾都禁不住淚流滿面，哽咽不止。

人類的心，沒有溝通的界限。「德不孤，必有鄰。」千古閃爍的智慧之光，交會時互放的光亮，只有讓我們這些無緣得見其景，但聞其聲的後人，緬懷追想不已。

禪師的詼諧睿智，妙語如珠，攝受美國弟子無數，他

們師徒間的對話，讀來有如當代的《禪門驪珠》，會心幽默，又使人莞爾捧腹。有一次，一個學生問鈴木禪師，爲什麼日本人的茶杯做得這麼纖細精緻，很容易被大刺刺的美國人打破。禪師回答：「不是它們做得太纖細，而是你不知道如何掌握它。你必須因應情境來調整自己，而非要環境來配合你。」

又有一次，禪師的一個學生覺得非常灰心喪志，因爲他所經驗到的深刻禪修體驗總是一瞥而逝，「有什麼用呢？」那名弟子說。

鈴木禪師笑了，並回答：「是的，的確無用。所有這些經驗是來來去去的，但是，你可以繼續你的修行；你會發現，在那些經驗的底層之下，還有其他的。」

本書的譯成，要深爲感謝大衛‧查德衛克（David Chadwick），《彎曲的黃瓜——鈴木俊隆的生平及禪法》（*Crooked Cucumber: The Life and Zen Teaching of Shunryu Suzuki*）的作者，鈴木禪師的主要弟子之一，由於他的大力幫忙與洽詢，我能與鈴木俊隆禪師的兒子乙宥聯絡上，因此能對其家人的漢字名有正確的翻譯。同時，他亦慨然應允，讓我使用他數本書中的傳記資料，作爲介紹鈴木禪師的主軸文字，他對禪師的虔敬與紀念之心，令

我感佩無比。我還要向佛教學著名學者楊曾文教授、禪學者安迪‧弗格森（Andy Ferguson）、奧村正博禪師（Shohaku Okumura）、中華佛學研究所的陳秀蘭女士、許書訓老師，在禪門用語上的建議，以及我的朋友黃盛璘與黑田紀子（Noriko Kuroda），在日文中譯上的協助，獻上我誠摯的謝忱，由於他們寶貴的意見，使這本書儘可能做到確切無誤。更要感謝橡樹林出版社主編張嘉芳女士的全副信任和委託。因眾緣成就，此書方能順利完稿，與讀者見面。一切盡在不言中。

禪師說：「日面佛，月面佛」，對他而言，人生壽命的長短，或如逾千年的日面佛，抑或一日夜的月面佛，那都已經不是問題。他只是踏實地活在當下、此處，做他自己的主人，與萬物爲一。

只是這樣純淨、承受、溫實，卻又優游自在、光燦豐足的一生啊——

斯人已往，懷思無盡。
讓我們，
只管打坐。

三寶弟子　蔡雅琴

二〇〇七年，元旦，紐約

緒論

一直與您同在

　　鈴木俊隆禪師（Shunryn Suzuki Roshi）逝世於一九七一年十二月四日。他在塔撒加拉禪山中心的學生們，從十二月一日，已經在進行一個密集的禪七接心；於舊金山禪中心鈴木禪師彌留之處，則於十二月四日清晨五點開始打七。當他的學生們逐漸地安頓於禪堂中行坐禪（zazen）的第一炷香時，樓上，在他所遴選的法嗣理查·貝克（Richard Baker）禪師、他的妻子蜜子(1)（Mitsu）和兒子乙宥（Otohiro）的陪伴下，鈴木俊隆大師離開了人世。他一直等到大多數的學生都開始打坐，而且將連續打坐數日後，才去世。這便是他的臨別贈禮。

　　數百人集聚在禪中心參加告別式。第二天，我相信大約有八十人左右，一齊前往叩馬墓園（Colma）向禪師作

譯註 1

鈴木禪師的第三任妻子 Mitsu，在此翻為「蜜子」，是音譯，日文みつ。經與鈴木禪師的兒子乙宥確認後，Mitsu 原名無漢字（Kanji），只有平假名（Hiragana）取其音。

最後的道別。靈柩火化之前，我們舉行了一個儀式：在其
他人的梵唄唱誦聲中，每個人在靈柩上放置一朵紅色玫瑰
花。看著人們獻花的時候，我被每個人皆是如此深深摯愛
著鈴木禪師所感動。不管是什麼樣的感覺——平靜，悲
傷，驚恐，驕傲，或沮喪——也許是其人的性格表徵，但
他們伸展手臂，放下鮮花的動作，卻都盈溢著滿滿的愛。
那是禪師另一件臨別的禮物。

　　鈴木俊隆禪師的第一本演講輯錄《禪者的初心》（*Zen
Mind, Beginner's Mind*），使禪師的語彙「初心」一辭——
作為覺悟的隱喻，一種存在鮮活的範例——變得通俗普
及。然我們應該繼續尋求發現，不要固著於已知的一切：
「初學者的心中，充滿各種的可能性；在老手的心中，只
有少許。」三十年後的今天，《禪者的初心》仍然是世界
上最暢銷的佛教書籍之一。現在我們從他的演講中編輯了
更多的篇章，將禪師簡單卻深奧的教示，分享給諸位。他
說：「這教法，只專為你而說。」也許當你在道上前行的
時候，會感受到鈴木禪師在你生命裡的顯現存在：　像是
一位有智慧、暖心腸的朋友，　在黑暗裡不被看到的一個
同伴。這便是他的開示所提供給我們的機會——去喚起我
們自心中的老師，你內在覺醒的心性，「你即是佛；你也

是平常心。」

　　對任何一位老師，特別是對一位禪師而言，最困難的，莫過於以「無所教」來教導。鈴木禪師說：「如果我告訴你什麼，你會對其有所執著，從而限制了你自己去發現的能力。」但是，亦如片桐禪師(2)（Katagiri Roshi）說過的：「你必須有所教導」，因爲如果老師不作任何開示，學生會徘徊不知所終，沿襲執取他們向來的習性。所以有一種誘惑，要去呈顯明睿的智慧，給予學生答案，但那將落得如諺語所說的：「在好好的肌膚上挖鑿一個傷口。」其後，與其信任自己，學生反而一味地轉向老師求取更多的教導，而老師驚嘆於爲什麼學生是這麼地匱乏無智、領悟遲鈍。但是，在那些不給予我們某物去執著的老師面前，我們可以感受到自己的覺醒。我們將會怎麼做呢？這被稱爲「自由」或「解脫」——我們深徹地仰賴自

譯註 2
片桐大忍禪師（Dainin Katagiri Roshi, 1928-1990），早年受教於永平寺橋本禪師（Eko Hashimoto），曾擔任鈴木俊隆禪師晚年禪中心的指導教師多年，後爲明尼蘇達禪中心的住持，是一弘揚禪宗於西方的著名禪師。他指出，每個片刻都是我們了悟真心本性的機會，生活中必須秉持著禪修之「只管打坐」的精神，全心全意專注於此刻。請參閱《不得不說的禪》，法鼓文化出版。

己——深奧地與萬物相連結。

　　很有可能地，鈴木禪師奮力掙扎以英文來說法，使他的開示更具有生氣活力。例如，他真的意味著要說「事事如其本然」（things as it is）嗎？是否那僅是一不恰當的英文語法，或是一個真實的教示？此一表達，在本書中出現了許多次，指出這是他的一種教導。那麼，他的教導究竟是什麼？我們越想確定它，它就變得越難以捉摸。然而，身為禪師的弟子和學生，一個求法者，我們總企圖去看看自己是不是「得到它」了。我們能夠表達它嗎？能夠說明它嗎？哪些言語文字能使我們的生命轉向覺悟的方向？幫助眾生的方向？

　　「開悟」能幫助我們嗎？鈴木禪師以為，針對某一特別的體驗來修行，臆想這體驗將永遠改變我們的人生，不過是「一個錯誤」，如同「觀光旅遊般的修行」。但是他卻不認為無須開悟。對此，他說的是：「忘記此刻，生入下一刻。」他又說：「不管你在何方，開悟即在當處。」那麼，我們要如何來經驗它呢？

　　鈴木禪師不斷提及的一件事，便是「只管打坐」，此語也被描述為「不壓抑、亦不放縱思想念頭」。禪師用許多不同的方式來表現、傳達它的意思，如：「活在每一當

刻」或「完完全全地吐氣淨盡」。這是那種可以解釋不完、卻又沒有解釋什麼的表達；肯定地，如果你突然停頓，設想是否「這」就是「只管打坐」，那大概不會是正確的答案。就一方面而言，「只管打坐」指出了是「此」而非「彼」，如同「完完全全地吐氣淨盡，消融於空之中，是為只管打坐」。因此，是吐氣，而不是吸氣，消融而非顯現。就另一方面來說，它點明了「不分別」的境界。「活在每一當刻」即為「充分完全地表達你自己，展現你本然如是」。也許，我們可以視這「充分完全」為另一種形式的消融，一個完足的、涵容一切事物的存在。一方面是清淨這顆如猿猴般的妄心，另一方面是覺悟、實現自己，使之成為「真實」。所以，我們如何能確認「只管打坐」的狀態呢？我們應該矢志去達成它嗎？禪師說：「站在大地上；站在空上。」「只管打坐，只是成為我們自己。」

禪師的教導方式是難以揣度的，他的教法不執著於任何一物或任何一種方式。以下是幾個典型的故事。

有一天，鈴木禪師要我在禪堂打坐時，就坐在他的正前方，「所以當你打瞌睡、開始點頭的時候，我可以馬上注意到，站起身來給你打香板。」他會使用短木香板，而

我便會警醒過來。至少有一小段時間，我的心和周遭氛圍，會變得清明、靜止、安寧，然而同時又是充滿生氣、覺照的。對他如此關心我，從禪修中起座來打我香板，我覺得很榮幸。我於是會坐直身子，小心警戒，大約三十分鐘左右之後，又再度昏沉入睡。而禪師與其香板總會再度出現，叭啦！叭啦！作為一名禪門弟子，禪師說：「你應當試著去找像你一樣眞誠懇切的人。」

　　所有雜念都霎時消散。禪師在連續拍打兩下香板之前，他先暫時地把香板輕放在我們右肩靠頸之處，而我們合掌，鞠躬，身體略向前倚，頭傾左側。在他打過右肩之後，我們便把身體向右傾，以接受左肩處的拍打。香板落下時，是難以置信地迅捷、可驚的，這並不是指對肉體上的恫嚇威脅，而是指在時間上無法預期算計，所以沒有任何的思想、覺受或感觸可與相匹。比起強迫你，使你了解，這更像是敲掉你腳底下的樓板。或許會讓人覺得有點心神不寧，但從另一方面來說，卻也讓你更爲落實。在短暫的片刻裡，我們可以體會到從萬物中解脫自由之感，一種寬闊廣大的感受。禪師說，「不要執著於任何事物」；「甚至連眞理也不要執著」；「當你修行時，如同這是你生命的最後一刻來修行，你會自一切中解脫。」遲早會想

要摸索著去攫取什麼，專注於什麼，做些什麼，於是事事物物再度顯現——總有些事物來讓我們處理的、分神困擾的；怎麼樣了呢？

有些時候，當我掙扎著要安坐，鈴木禪師會把他的手穩定地放在我的肩膀上，反覆地撫觸該部位。我的呼吸於是變得柔軟、輕緩下來，緊張的力度紓解了，而我的肩膀開始散放著暖熱和活力。有次我問他，在他把手放在我的肩部時，到底做了什麼。他說：「我正和你一起打坐。」

像這樣地被碰觸著，是非常罕有的經驗，那是一種接納、開放，又含有慈愛的敬重與顧慮。大多數的碰觸顯示著：「去那裡」或「來這裡」，「坐直」或「靜下來」。這般的碰觸則說：「我在這裡，與你同在，不管你處於何等情態，我願意接觸任何的狀況。」那，便是他禪修的精神，他的教法精神。「與一切共坐；與一切合一。」無數的人被鈴木禪師的行儀和教誨所觸動，以我們每個人自己的方式，對他的仁慈和正直的顧念，以及他與我們的一起打坐，作出回應。

另外一個不同的例子是，在和禪坐時非出於意願的氣動現象奮鬥了數個月之後，我最後決定「跟著動」，而不以「控制它」去止息我身體的搖擺。一炷香間，我多在做

著渦旋狀的轉動，感受到一股能量從脊椎底部盤旋上升。在止靜前十分鐘，我耳邊突然響起禪師的語聲：「修習經行（kinhin）。」我覺得被打擾了，他要我經行，但其他人都在禪坐之中，所以我小聲地回話：「你說什麼？」但他只簡單地說：「修習經行。」所以我站起身來，用那炷香剩餘的時間來做經行，我多多少少靜定了一些。

後來，我向他請示。因他從未在打坐期間要我修習經行，所以我想也許「隨動而動」不是應做之事。我告訴他，我不再試著去抑制我的搖擺，我決定要「跟著動」，看看我能發現什麼；但那天早上，我第一次這麼做的時候，禪師要我做經行。所以，是要去發掘我的晃動呢？還是再回到壓抑它的老路子好呢？「喔，」禪師回答：「嘗試去發現有關你的氣動，是件好事，我不知道那是你當時在做的。那沒有問題。」一陣輕鬆感流灌我的全身，我想：「是的，我可以修行；我可以體會它。」

在此，我將讓你自己，以你自己的方式，去探查鈴木禪師教法的廣度和範疇，去會晤他的堅毅和猛烈，他的虔敬和溫柔，他的智慧和幽默。我們可以不時地提醒自己，我們對禪師和他法門的種種說法，只是在說明自己。我們其實都是不平常的人，擁有不平常的生命，每天中有無數

個機會來修行開悟，或去啓發我們的修行。讓我們不要忘記「最重要的一件事」，這是禪師常說的一句名言，既然我們從來不知道如何遵循這句話，卻吸引我們的注意力，使我們端坐並筆記：「最重要的一件事」，現在所能想到的，「是能夠享受你的生命，而不被萬象所愚弄。」

　　願一切眾生快樂、健康，自痛苦中解脫。
　　願一切眾生，活在平安、和睦之中。

　　　　　　　　　　　　　　　　　　壽山海寧
　　　　　　　　　　　　　　　（愛德華・艾思比・布朗）
　　　　　　　　　　　　　　　　菲爾法克斯，加州
　　　　　　　　　　　　　　　　二〇〇一年 五月

第一部
只管打坐：完全地活在每一刻之中

「當我們不期待任何事，我們便可以成為自己。
這就是我們之道──去完完全全地活在每一當刻之中。」

一

心的寧靜

「心的寧靜超越了你呼氣的盡頭,所以如果你的出息平順,不試圖硬要呼氣出去,你就在進入心全然完美的寧靜狀態。」

「只管打坐」——我們的坐禪,只是做我們自己。當我們不期待任何事,便可以成為自己。這就是我們之道——完完全全地活在每一刻之中。這樣的修行能永久持續。

我們說,「每一刻」,但當你真正修行的時候,每一刻顯得太長了,因為在那一刻中,你的心已經在追隨呼吸的起伏。所以我們說:「即使在一彈指中,亦含有百萬個瞬間。」這樣我們就能強調那種存在於每一瞬息片刻的感覺,於是你的心非常安靜。

因此,每天花一段時間,修習只管打坐,不妄動,不期待任何事,如同你正活在生命的最後一刻。每一剎那,你體會到那臨終一刻之感。在每一次的吸氣和呼氣間,有不可計數的瞬間,而你的意圖是活在每一個瞬間。

首先,練習讓出息平穩流暢,然後讓入息平穩流暢。心的寧靜超越了呼氣的盡頭,所以如果你的出息平順,不

試圖硬要呼氣出去，你就在進入心全然完美的寧靜狀態。你不再存在。當你這樣呼氣，自然地，你的吸氣會從那裡開始。你體內新鮮的血液，從外在帶來所有的養分滲透、充滿你的全身；你徹徹底底地充電了一番。然後你開始呼氣，延展那份清新的感覺到「空」中。因此，一刻接著一刻地，不需努力去做任何事，你持續「只管打坐」。

徹底完全的「只管打坐」也許是困難的，因為當你結跏趺坐時，會有一些來自雙腿的疼痛不適之感。但是雖然雙腿疼痛，你還是可以從事它；雖然你的修行不夠好，還是可以只管打坐。你的呼吸會逐漸消散，你會逐漸消散，泯滅到「空」裡。吸氣時，毫不費力地，你自然地帶著一些顏色或形象，又回到自己。呼氣，你漸漸泯滅到「空」中──空無，如同白紙。這便是「只管打坐」。重點在你的出息。與其試著在吸氣時感受到自我的存在，不如以呼氣時消失到「空」中來取代。

當你在臨終一刻修習此一法門，就沒有什麼可以害怕的了。事實上，你的目標是空性。在你以這種感覺，完完全全地呼氣之後，你與萬物合一。如果你還活著很自然地，你會再度吸氣。「喔，幸或不幸地，我仍然活著！」然後你又開始呼氣，消融到空之中。或許，你不知道那是

怎樣的感受，但有些人知道。某些時刻裡，你一定感受過這種感覺。

　　當你如此修行，會很難輕易地就發怒。若你對吸氣，而非呼氣，感到興趣，你會一下子就被激怒。你一直嘗試著要生存。幾天前我的一個朋友心臟病發作，他當時唯一能做的事只有呼氣，他不能吸氣。他說，那真是一種可怕的感受。在那一刻，如果他可以像我們這樣地修習呼氣，把目標針對空性，或許就不會感覺那麼糟糕。出息，而非入息，是我們極大的愉悅。當我的朋友不斷試著吸氣，他以為再也不能吸氣了；若他能夠平順、完全地把氣吐出去，我想，另一個吸氣會自然地隨之生起。

　　觀照出息是非常重要的。死亡，比努力求生，更為要緊。當我們總是盡力掙扎著要存活，我們會有麻煩。比起試著要活下去或保持活動，若我們能平靜地死亡或消散到空之中——自然而然地，我們會沒事。佛陀會護佑我們。因為我們失去了母親的懷抱，便覺得不再像是她的兒女；然而，消融到空裡，感覺上就有如回到母親的懷抱，彷彿她將會照顧我們。在每一刻，都不要失去「只管打坐」的修行。

　　許多各個法門的宗教修習，都包含在這一要點中。當

人們誦念：「南無阿彌陀佛，南無阿彌陀佛」，他們皆想要成為阿彌陀佛的子女，那就是為什麼他們不斷稱念阿彌陀佛名號的原因。坐禪亦同。倘若我們明白如何修行「只管打坐」，而他們知道如何唸誦彌陀名號，那不會是不同的。

所以我們擁有愉悅，我們是自由的。我們感覺能夠自由地表達自己，因為我們準備就緒，隨時能消融到「空」裡。當我們試著要有所作為，要顯得特別，要達成什麼目標，便不能真正表達自己。渺小的自我會被表達出來，但宏大的自我本性不會自「空」中顯現。從空性中，只有極巨大的本性顯露。這是「只管打坐」，知道嗎？如果你真的盡力去嘗試，它不是那麼困難的。

非常感謝各位。

充分地表現自己

「以爲表達自己最好的方式，是爲所欲爲，毫無顧忌，其實是一個很大的錯誤。這不是表達自己。如果你確切地知道該如何做，並且實際去從事它，你才能夠充分地表達自己。」

當你完全地活在每一刻，毫無任何期許，你不知有時間的存在。當你涉入時間的概念——今天，明天，或明年——就會開展「自私的修行」。各式各樣的欲望開始淘氣地作怪。你也許開始想要剃度，或開始擔心下一步將是什麼。試著要成爲另外一個人，你忘失了修行，也失去了功德。當你忠實於定位或工作，你眞實的存在就在當處。這是極爲重要的一點。

沒有任何對時間的概念，你的修行便能持續不斷。一刻一刻地，你成爲自己。這種修習並不簡單，甚至不能在一炷香的禪坐中做到，你需要竭盡心力地修習。然後，你可以擴展此一感覺到每一刻中。最後，能延伸到你每天的日常生活裡。

擴張你的修行方式，是顯露自己，如你之本然，而不是嘗試成爲另一個人。當你非常誠實，而且有足夠的勇敢，你就能完全地表現自己。不管別人怎麼想，都沒有關係，只要

做自己，起碼為你的師父，你應當做自己。那便是實際的修行，你真實的生命。除非你信任師父，否則這將難以做到；但是，如果你發現師父的精神和你別無二致，你會有足夠的勇氣，持續以此方式修行。

有些時候你與師父有所爭論，那也不是問題。但是你應該努力去了解師父，並隨時準備放棄自己的爭論點——當你是錯誤的時候，當你發現自己愚蠢地固執於偏狹之見的時候，或當你在找藉口的時候。這是對自己的誠實之道。然後，你可以放下：「是的，我是錯的。我很抱歉。」

你和你的師父，共同目的在於有一完美的交流。就一個師父而言，重點在於總是預備好對徒弟讓步；當師父明白他是錯的，他能說：「喔，你是對的，我是錯的。」如果師父有這種精神，你也會被激發鼓勵，能勇於承認自己的錯誤，即使有時那是難以做到的。若你繼續這樣的修持，人們或許會說：「你發瘋啦，你是不是有問題！」但那沒有關係。

我們每個人都不一樣，我們都大不相同，而且各有各的問題。幸運的是，你有同參道友和你一起修行。這不是指像一把大雨傘，庇蔭遮雨地來保護你，而是提供一個空間場所，於此你能夠真正修行，完全完整地表達自己。你可以睜開雙眼，欣賞同修的專致習禪，然後將能發現，你們可以不

用言語來溝通。

　　我們的方法是不評斷他人，而是去了解、賞識他們。有時候，你也許覺得已經對某人所知甚詳，因自己的小心眼，你很難去欣賞這個人。但如果你們繼續一同修禪，而你的心變得寬廣，你能表露自己，並接受他人，自然地，你們會成為好朋友。去了解你的朋友，便是去了解自我之外的事物，甚至了解那超越朋友之外的事物。

　　你或者要說，當你坐禪的時候，沒有人可以了知你的修行；但對我而言，你坐禪時，是了解你的最佳時刻。當你禪坐面壁，我從你的背後見到你，特別容易可理解到你修行的狀況。有時我躓步於禪堂中，以便能見到每一個人。這是很有趣的。若是你跳舞、交談或發出很大的喧譁聲響，那將難以理解你這個人；但是當你們一起禪坐，你們每一個人都有自己獨特的坐姿。

　　以為表達自己最好的方式，是為所欲為，毫無顧忌，其實是一個很大的錯誤。這不是表達自己。當你有許許多多種方式來表現自己，便不知道該怎麼做，而你將會膚淺地舉止行動。如果你確切地知道該如何做，並且實際去從事它，你才能夠充分地表達自己。

　　這就是為什麼我們要遵循「形式」的原因。你也許認為

無法在一個特定的形式裡表達自己，但那並不盡然。當我們
共同修禪的時候，強壯的人會以強壯的方式來表達自己，仁
慈的人會以仁慈的方式來表達自己。在課誦儀軌時，我們在
每列間傳遞經本，你們其實各以各的方式來傳遞它。因為形
式是一致的，便能輕易看到你們之間的不同。而且，由於每
個人重複同樣的舉動，我們最終將能了解同參道友的方式，
是怎樣的一個方式。即使閉上眼睛，你知道，「喔，那是某
某人。」那便是擁有規則和儀節的好處。

　　缺乏這樣的一種修習，你與他人的關係會非常浮面化。
如果有人穿著一套華美的僧袍（此時鈴木禪師揉搓自身的僧
袍微笑著），你會認為他一定是個了不起的師父；如果某人
饋贈你一件精美的禮物，你就認為她真是慈悲，是個大好
人。像這種了解，不是正確的了解。

　　通常，我們的社會是以一種表面、輕浮的方式在運作
著，其控制的力量是金錢或是有聲勢的人。我們的眼、耳關
閉了，或不夠敏銳得以見聞事物的真相。大多數參訪我們禪
中心的人，會發現這是一個奇怪的地方：「他們不大說話，
甚至不笑，他們到底在幹啥？」那些習於吵雜喧囂的人或許
無法注意到，但我們的確可以不用太多的言語來交流。我們
也許不常帶著微笑，然而我們能感覺到其他人的感覺。我們

的心總是開放的，能夠充分完全地表達自己。

我們也可以將這種修習延展到城市的生活中，與他人友善相親。當你決定對己誠實，充分地表達自己卻無所期待時，這便不是一件那麼困難的事。只要做自己，並隨時準備好理解他人，即是伸展修行到日常生活之道。

我們不知道什麼事將會發生。如果不能夠在當下每一刻裡充分完全地表達、展現你自己，以後你或許會懊悔。因為你期待來日，便錯失了當下的機會，而你也被朋友所誤解。不要等待另一個時刻來徹底、完全地表現自己。

非常感謝各位。

自一切中解脫

「當你能夠靜坐修禪，經驗著什麼是『只管打坐』，之後，你
每天生命的意義，將會顯得完全不同。你會擁有自一切事物
中解脫的自在。」

　　大約兩年前，在我差不多要溺斃的一次經驗以後，我的
「只管打坐」，或坐禪的修行方式就有所改變了。我想要游過
塔撒加拉的一條小溪。我其實不會游泳，但學生們看來玩水
玩得興高采烈，我以為我可以加入他們。許多漂亮的女孩子
在河的那一岸，於是我努力向對岸游過去，完全忘了自己不
會游泳。我幾乎溺了水。然而我知道自己不會就這麼死去。

　　我知道自己不會這樣溺死的原因，是因為那裡有許多學
生，總有人可以救助我，所以我不是挺嚴肅認真。但是溺水
的感覺極為糟糕。我喝了很多水，於是伸直雙臂，希望有個
人能抓住我，但是，沒有人幫我。我決定沉到河底，行走於
河底，但是那也行不通。我既不能沉到底岸，又無法浮出水
面；我只是看到那些漂亮女孩子的腿部，但又抓不到她們的
腳，所以相當地驚慌失措。

　　在那一刻我理解到，直到我們變得非常嚴肅認真，我們

是不會好好修行的。因為我以為自己不至於死亡，所以我不當真；也因為不當真，我受盡苦頭。如果我知道自己在溺水，就不會胡亂掙扎而會保持靜定。因為我以為自己還有下一刻的存在，所以沒有把它當作一回事。自此事件之後，我的修行進步了許多。現在我對自己的修行有信心，所以我一直在告訴你們，我是如何地「只管打坐」。

那是一個有趣的經驗：我身處於美麗的女孩子當中，但是她們卻救不了我。如你所知的，我正邁向死亡——不是由於河水，而是由於我長年的疾病。當我死的時候，各種的妖魔和美麗的女人們都會高高興興地伴著我，而我也將高高興興地伴著他們。所有事物都與我們同在；若無騷亂擾動，我們也樂意與萬物同在。通常很難感受到這一點，因為我們想要得到什麼，我們期待著未來有所進展。

當你不想下一刻的生存，很自然地，你將能接受事物的本然狀態，能看到事物的本然狀態。在那一刻，你便有完美的智慧。當你能夠靜坐修禪，經驗著什麼是「只管打坐」，之後，你每天生命的意義，將會顯得完全不同。你會擁有自一切事物中解脫的自在。這是主要重點。往往，對你所有的、所見的事物，你沒有自由，但當經驗到「只管打坐」，你將會擁有從一切事物中解脫的自由。你將能真正地享受生

命，因為你不再執著於任何事物。

你變得真正地快樂起來，這快樂會延續，那就是我們所說的「不執著」。你所擁有的、大多數的歡樂，是那種你將惋惜的歡樂：「喔，那時候我多麼快樂啊，現在我不再快樂了。」但真正的幸福快樂總將與你同在，而且不論是順境或逆境，都會鼓勵你。當你功成名就，你可以享受那成功；當你失敗，也無妨，你能夠享受失敗的感覺：「喔，這還好，不像我所想的那麼糟糕！」你總會擁有足夠的事物，不會像從前一般地企求太多。

如果你遇到極大的困難，看來就像是尼泊爾的崇山峻嶺，毫無可通行的路徑；但你知道，總將會有一條可以通過它的道路。甚至，百日的禪修接心，也不是那麼艱難。即使你死亡，亦無事發生；沒有問題。所以你經常快快樂樂，你不會挫折沮喪。你將選擇過一種不一樣的生活。在你有正確的修行前，總希冀一些巨大、華麗的事物：美國境內第一大的禪寺，或世界第一大的禪寺——甚至比日本的禪院還好。但是在有了正確的修行後，你所選取的事物和所遵循的生活，便會和從前大不相同。

有些時候我的開示非常嚴肅，強調艱苦困難的修行：「不要期待下一刻。」「不要妄動！」我非常抱歉。但我必須

這麼說，因為你的修行看來太虛弱無力，我要使你強壯些。實際上，你的修習有點虛軟不是什麼大問題，可是若你對自己不嚴謹又缺乏自信，坐禪不能成為坐禪，它不會成就。使你的修行更精深的，是你每天持續不間斷的禪坐。

在中國和日本，有許多禪師豁然開悟的故事，像這樣：「嗯哼！」（鈴木禪師微笑並彈指）你也許認為這是突然的，但其實那是多年的努力和失敗的結果。道元禪師[1]對此最有名的評論是：「射中箭靶，是九十九次嘗試失敗後的結果。」最後一箭射中了靶心，是因為之前有九十九次的失誤之故。所以失敗是好的。

每一次當你射箭之時，以信心射出，那麼你終將射中靶心。「九十九次失敗亦無妨，我將繼續努力地射向標的。」每一回禪坐的時候，盡你最大的力量。你或者以為坐禪僅只是交叉著雙腿，盤坐四十分鐘。然而，最重要的是，你應放進全部的力氣，肉體上的和精神心力上的。

譯註 1

道元希玄禪師（Dogen, 1200~1253）：日本曹洞宗的創始者。幼年時遭遇母喪，觀香火之煙繚，領悟世間無常，遂深立求法之大願。初習天台，後歸禪宗。1223年入宋參訪，遊歷名剎，曾隨侍天童如淨禪師三年，經其印可受法，返國大揚曹洞禪。後開創永平寺，成為日本曹洞宗之大本山。他承襲「默照」禪風，主張修證一如，「只管打坐」。著有《正法眼藏》、《普勸坐禪儀》等。

　　專注於你的呼吸。若呼吸得不恰當，便難以從事任何身體工作。即使是縫紉時，你的呼吸應跟隨你的動作。當你要舉起一個重物，你的呼吸應該完全地和諧一致，否則你無法舉起它。要有恰好的呼吸不是一件易事，需要有正確良好的姿勢和正確良好的手印（mudra），因為你的手印是心理狀態的象徵。如果你的脊椎不直，呼吸便不夠深沉。當然，發展你心理與生理的努力成果，是需要時間的。

　　直到你的身心完美調和之前，開悟是不會到來的。如果不能接受你的種種經驗，你將不會感受到你覺悟了。換句話說，當你的身心完全為一，開悟就在當處；不論你聽到什麼，想到什麼，皆是開悟。所以不是石頭擊中竹子的聲響(2)，或是盛開的梅花的顏色使人們開悟，是他們的修行使其開悟。在你每天的日常生活裡，總有許許多多能夠開悟的機會。如果你走進廁所，那裡有讓你開悟的機會；當你煮飯，那裡有可以讓你開悟的機會；當你清潔樓板時，那裡也有讓你開悟的機會。

譯註 2
參《五燈會元》卷九，鄧州香嚴智閑禪師的故事。香嚴參潙山，被問如何是父母未生時本來面目，茫然無答。其後燒卻所看之文字，長行粥飯；一日，芟除草木，偶拋瓦礫，擊竹作聲，忽然省悟。

　　所以不管從事什麼，好好做它，不要期待任何人來幫你。不要以尋求庇護而破壞了你修行的努力。護佑自己，繼續成長，直上青天；如此即是。雖然這有點不平常，不是嗎？也許我們是瘋瘋癲癲的。或許有些人認為我們瘋狂，我們或者以為他們瘋狂，但那亦無妨。很快地，我們會發現到誰是瘋狂的。

　　非常感謝各位。

從一百尺的竹竿頂躍下

「所以，祕訣在於說：『是！』然後就從此時此地開始。那便不會有任何問題。這意謂在當下此刻做自己，總是做自己，而不是執著於一個陳舊的自我。」

為什麼我們既已具有佛性，卻仍需修習禪坐？這便是道元禪師在東渡中國、參謁天童(3)如淨禪師之前所存有的大疑問。這不是一個簡單的問題。但是首先，我們說「一切眾生，悉有佛性」到底是什麼意思呢？

通常的理解是，佛性是我們內在天生本具的，因爲佛性，我們有言行舉止的顯現。如果這裡有一株植物，在植物呈顯之先，必有一顆種子的存在。因爲它們本性的差異，有些花是紅色的，有些花是黃色的。這是我們所理解的方式。但是這不是道元禪師所理解的方式。他以爲，上述所謂的本性，只是心中的一種概念。

譯註 3
南宋天童長翁如淨禪師（日音Tendo Nyojo, 1163~1228），被尊爲曹洞宗第十三代祖師。他參謁受法於雪竇寺足庵智鑒，修持上偏重打坐，以參禪打坐——是身心脫落，離五欲（財、色、名、食、睡），除五蓋（貪欲、瞋恚、惛眠、掉悔、疑），能和佛祖相見。他廣弘宏智正覺禪師的「默照禪」，後傳法日僧道元，奠定日本曹洞宗的基礎。

　　為什麼我們既已具有佛性、但仍需苦苦修習？我們也許會認為，佛性只有在我們修行並消除種種自私的欲望之後，才會彰顯。

　　然而，根據道元禪師，這般的理解來自於你對事物不明澈的觀察。他的理解是，就僅在事物顯現之時，佛性即在當處；本性與事物，是同一實相的兩個名稱。有時候我們稱之為佛性，有時候我們說開悟或醒覺，佛陀或證道。我們不只是用這些名相來稱呼佛性，而且有時我們亦稱它為「邪欲」。我們或許稱其為邪惡的欲望，但對佛陀而言，那是佛性。

　　同理而言，人們或以為居士和法師有基本上的差異。但事實上，並沒有一個特別的人才是法師。你們都可能成為一個法師，我可以成為一個居士。因為我穿著僧袍，所以我是法師，而且我的行為舉止像個法師。只是這樣。法師和居士在本性上並無區別。

　　不管你怎麼稱呼它，那是對於一實相的另一個名稱。即使你叫它作一座山，或一條河，亦不過是對於一實相的另一個名稱。當你領會到這點，我們將不再被名相如「本性」、「果」或「佛位」所愚弄。我們以一顆清明的心，親見事物之本身。我們用此方式來理解佛性。

「邪欲」是佛性的另一個名字。當你修習禪坐，邪惡的欲望從何而來呢？在禪坐中，邪惡的欲望無有存在之處，然而我們仍相信邪惡的欲望應該被消除盡淨。為什麼呢？你想要消去邪惡的欲望以顯露佛性；但是，你將把它們丟於何處呢？當我們以為邪欲是可以被丟棄的事物時，那是一種外道見。「邪欲」是我們使用的一個名相；並沒有一物我們可以將之分離並丟棄的。

你或許覺得我在愚弄你，但不是的，這不是件玩笑事。當我們到達此處，理解我們「只管打坐」的修行，是有必要的。

在《從容錄》(4) 裡有一則有名的公案：一個人攀爬至百尺竿頭，如果他停在那裡不動，他無法得悟；當他從竿頭上一躍而下，或許他將開悟。我們如何領會這則公案，便是我們如何領會修行的方式。我們相信邪欲需要被拋棄的原因，是因為我們停在竿頭不動，於是我們有了問題。實際上，並沒有竿頭的存在，那竹竿往上無止盡地延伸，所以你不能就此停住。但是當你擁有某些開悟的經驗時，你也許以為可以

譯註 4

《從容錄》共六卷，是曹洞宗詮釋公案的要典。宋・宏智正覺頌古，萬松行秀評唱。收於《大正藏》第四十八冊，又名《萬松老人評唱天童覺和尚頌古從容庵錄》。與臨濟宗之《碧巖錄》並稱為禪門雙璧。

在那裡休息一下，從竹竿頂上欣賞各式各樣的風光。

事物繼續生成或改變成其他的事物，沒有任何一件事物能以其獨特的形式或顏色存在。當你想「這是竹竿頂端」時，那麼，你將會有躍下與否的問題。但是你不能從這裡一躍而下。那已經是一個誤解了，那是不可能的。而且即使你試著要停在竿頭上，也是做不到的，因為竹竿不停地往上生長。

這是問題所在。因此，最好忘卻要歇止於竹竿頂端。忘卻歇止於竹竿頂端的方法，是安住於你現今所在之處。不在此道或彼道，在過去或在未來，而只是在此處。知道嗎？這就是「只管打坐」。

忘記此刻，生入下一刻，這是唯一的法門。例如說，當早餐準備就緒，我的妻子會敲響木拍板。如果我不馬上回答的話，她會持續地敲擊著木板，直到我變得十分惱怒。問題非常簡單──因為我沒有回應她。若我說：「嗨！（日語：是！）」就毫無問題了。 只因我沒說：「是！」她繼續地呼叫我，因為她不知道我是不是聽到了。

有時她或許認為，「他明明聽見了，就是不回答。」當我不回應的時候，我便是在竹竿頂端。我不肯躍下，我相信

在竹竿頂端有一些重要的事務待辦:「你不應該叫我。你應該等一下。」或者我想:「這太重要了!我在這裡,在竹竿的頂端!你難道不知道嗎?」於是她拍木板拍個不停。那是我們何以製造出問題的原因。

所以,祕訣在於說:「是!」然後就從此時此地開始,那便不會有任何問題。這意謂在當下此刻做你自己,總是做你自己,而不是執著於一個陳舊的自我。你忘記有關自我的一切,重新更生。你是一個新的自己;在你自己變成陳舊的自我之前,你說「是!」然後你走到廚房用早餐。因此,每一刻的要點是忘卻該點,並且延展你的修行。

正如道元禪師所說的:「研習佛教,是研究你自己;研究你自己,是在每一當下忘卻你自己。」而後,每一件事都會前來幫助你,每一件事都會確保你的開悟。當我說:「是!」我的妻子便會確保我的開悟。「喔,你真是個好人!」但若我執著於這「我真是個好人」,我將製造另一個問題。

如此,每一刻,只是專注地、真實地做自己。在此刻,佛性在哪裡呢?佛性在當你說:「是!」,那個「是!」即為佛性本身。你以為自己內在已經擁有的佛性,並非佛性。當你成為你自己,或當你忘卻自己,而說「是!」時,那是佛性。

　　佛性不是將在未來顯現的某物，而是已在此處。如果你有的只是對佛性的概念，那不具任何意義；它是一個畫好的米糕，不是真的米糕。假若你想看一個真的米糕，你應在它存在於此之時看到它。所以我們修行的目的，僅是成為你自己。當你成為真實的自己，你有真實的開悟。如果你努力要把持住你先前所獲得的，那不是真正的開悟。

　　有時候當你落入錯誤的修行，你嘲笑自己：「喔，怎麼回事？我在做什麼？」當你理解到修行的來來回回、起起伏伏，你會享受你的修行。真正的慈悲或愛，真實的鼓舞或勇氣，會自當處生起，而你將成為一個非常仁慈的人。

　　我們說，「一法遍含一切法」，意思是說那一法門包含許多德行，就像是海洋的波浪。當你如此修行，你變得像一塊石頭，一棵樹，或一片汪洋，你涵容覆蓋萬物。持續的修行是必要的，所以不要中斷。如何持續，則是以寬宏的、廣大且柔軟的心——柔韌通融、不黏著於任何事物。以這種方式修行，便毋須懼怕任何事物，或輕忽任何事物。那即是「道」的嚴謹之處。當我們無所畏懼，我們是泰然自若的。

　　完全專注於你所從事的活動，是為單純。修行之美，在於它可以無止境地延伸。你不能說我們的方式相當簡易或相

當困難。它一點都不困難，所有人都能這麼做，但是要持續
不斷則是艱難的。你不認為嗎？

　　非常感謝各位。

改變我們的業力

「最佳的方法，是去理解業力嚴謹、精密的律則，而且立即
致力於改善我們的業力。」

當你遇到一個大問題時，你變得相當嚴肅，但你不明白
向來你都在製造問題。如果是較小的問題，你想：「喔，沒
關係的，這很容易處理。」甚至在你知道該如何應付之前，
你已經這麼想著。

幾天前，立髮禪師（Tatsugami Roshi，是鈴木禪師晚年
禪中心的指導教師之一，以嚴格著稱，譯按）說：「一頭老
虎以全副的力量來抓一隻老鼠。」老虎從不輕忽或藐視任何
一個小動物，牠攫取一隻老鼠，和牠撲抓並啖噬一頭母牛的
方式是一模一樣的。然而，雖然你有許許多多的問題，但你
以為它們微小而無足輕重，所以不認為有必要去精進努力、
改變自己。

那也是為數眾多的國家處理國際間種種問題的方式：
「這只是一個小問題。只要我們不違背國際公約，就無妨；
只要我們不用核子武器，我們便能開戰。」但是那樣的小型
戰鬥，終究會演變為大規模的戰爭。因此，即使你日常生活

中的問題微不足道，除非你知道如何解決，否則，日後你將會遭遇很大的困難。這是業力的律則。業力從微小的事情開始，若輕忽它們，將使惡業加速推進。

最近我讀了一些佛陀對「道」的開示：「諸比丘，當收受食物飲水供養之時，你應約束諸多欲望，接受供養，如同接受良藥。不要根據個人的好惡來接納或拒絕。只以此來支撐你的色身，避免饑渴。如同蜜蜂採花蜜一般，只取其味，不損壞其顏色和香氣。所以，諸比丘亦然。你可以接受足夠的供養，以消除憂惱，切勿要求過多，損害施主的善心。有如智者，先衡量動物的負重能力，不超重負載而使牠們消耗衰竭(5)。」

「你應約束諸多欲望」，這不是指或大或小、或多或少的欲望，它指的是超越欲望。減少欲望，意謂著不把我們的專注力分割給眾多的事情。以一心、真心來從事——那是「少欲」之意。

「當收受食物飲水供養之時，接受它如同接受良藥。」

譯註5
大正藏第十二冊《佛垂般涅槃略說教誡經》（又名《佛遺教經》），釋尊告諸弟子：「汝等比丘，受諸飲食當如服藥，於好於惡勿生增減。趣得支身以除飢渴。如蜂採花但取其味不損色香。比丘亦爾。受人供養趣自除惱，無得多求壞其善心。譬如智者籌量牛力所堪多少，不令過分以竭其力。」

意思是你專一致志，用全身心收受供養物，沒有「你」和「食物」的二元對立觀念。所以，我們「接收」或「接受」食物，而不是說我們「拿取」食物。「拿取」是較爲二元性的；「接受」則是一個比較完整、完全的動作。你也許認爲「去拿」比「去接受」來得完整。但是根據佛陀的教示，「去抓取」或「去拿」食物，並沒有包含完全的接納。因爲它是二元對立的，你將製造業力。你或希望去抓取它，因爲其他人也想要抓取它，所以你必須動作快些！但是，當你接收時，你已經擁有了它，而如果你以極大的欣賞來接受它──「非常感謝你」──那便是佛陀所教的「約束你的諸多欲望」的眞正行爲。

「不要根據你個人的好惡來接納或拒絕它們。」再次地，以個人好惡的方式來接納或拒絕是二元性的。這類的教導，不是說要你去控制欲望。若你要掌控欲望，你會與限制的程度或食物的多少而掙扎著，你將製造一個接一個叢生的問題。你甚至會找一些藉口來獲取更多食物，然後你會失去方向。

「只以此來支撐你的色身，避免饑渴。」如果你知道如何修習禪坐，你將知道攝取多少食物，因而不會有吃太多或吃太少的問題。

「如同蜜蜂採花蜜一般，只取其味，不損壞其顏色和香氣。」這是一個很著名的譬喻。若我們採蜜只是因為花的美麗或芳香，我們便錯失了它真正的蜜味。當你關照自己和花朵，你能夠對花本身有一直接的感受，並能品嚐其味。常常我們不是很注意。我們也許會摧毀一朵花，或執著於某一特別的花朵。如果我們太過黏著，最後這株花將會死亡。花朵產生花蜜的目的是要邀請蜜蜂的到臨，以幫助植物的繁衍。所以，必須要了知我們究竟是像蜜蜂，還是像其他之物。當我們覺察到自己有時候所製造出的困難障礙，我們可以小心翼翼地將自己的修行延伸到每天的生活中。

我們的心應該更小心，更留神，更深思熟慮。你也許會認為我們之道對如何處理事物，有太多的規則要遵守。但是，在你了知自己在做什麼之前，你不能說有太多的規章束縛你。所以要注意你是不是在日常生活裡製造著問題，或為自己和他人造作惡業。你也應該知道為什麼自己正在受苦；除非你改變業力，否則不可能自痛苦中逃脫。

當你遵循業力的律則，驅使業力朝良好的方向前去，就可以避開業力有害的性質。留意業力的本性，以及欲望和行動的本性，就可以這麼做到。如佛所示，了解痛苦的因，即是了解離苦之道。若你研究自己為什麼受苦，你將領會因與

果，與爲什麼惡行導致惡果。因爲你明白了，便能避開業力有害的性質。

只要我們仍有一個自我的概念，業力就有一個主體作爲功用，因此最好的辦法，是使業力在虛空中運作。如果我們不具有自我的概念，業力不知道該怎麼辦——「喔，我的同夥在哪裡？我的朋友在哪裡呢？」有些人竭盡全力要驅逐業力，我不認爲這是有可能的。最佳的方法，是去理解業力嚴謹、精密的律則，而且立即地致力於改善我們的業力。

如果你在駕車途中發現車子有毛病，最好馬上停車並檢查車況。但通常我們不這麼做。「喔，不過是車子的小狀況，它仍在行駛。我們走！」那不是我們的方式。即使仍可以繼續行駛，我們仍應該小心謹慎地照顧車子。如果你把車子的能力推到極限，車子會一直出現同樣的狀況，直到它完全拋錨爲止。現在要修理它已經太晚了，而且需要更多的心神和精力。

所以，每天的維護保養是非常重要的。然後你能去除錯誤的理解，並知道自己眞正在做什麼。

非常感謝各位。

享受你的生命

「唯一之道，是去享受你的生命。即使當你在修習坐禪，像
個蝸牛一樣地數著呼吸時，你可以欣賞、享受你的生命，也
許比登月之旅還要更愉快些。這是為什麼我們修禪的原因。
你過何種生活並不要緊，最重要的是享受你的生命而不被事
物的外相所迷惑。」

　　如果你到圖書館，會看見許多書籍，你會發現人類的知
識是如此寬廣浩瀚，幾乎不可能研究殆盡。現在某人將登上
月球（編按：此篇採自鈴木禪師在一九六九年七月二十日的
開示，剛好是阿波羅二號登月之日）。實際上，我不知道我
們是如何登上月球的，或者，若有某人抵達那裡，我們將有
怎樣的感受。對我而言，那並不是多麼有趣的一件事。

　　我想談一談登月之旅的事，但是我尚未有太多時間去研
究它。所以如果我談起登月之旅，你也許會認為，「他真是
無知啊！」今天或明天我遇見的人們，或許要對登陸月球的
旅行大談一番，彷彿他們知道所有的細節。如果我聽見他們
的言談，而其內容剛好又不甚有趣的話，我或許會不大敬重
他們呢！

　　第一個抵達月球的人，也許對自己的成就感到驕傲，但

我不認爲他是一個英雄。我不知道你覺得如何，我自己是不這麼想的。電視上，在一段時間裡，他看起來像是一個偉大的英雄，因爲他所達成的任務而受到英雄式的對待。如果我們仔細思索這個景況，我們即刻明白修禪的重要性。與其在客體的世界中尋覓些許成功，我們應努力於更深刻地經驗生命的每一當下。那是坐禪的目標。

有一次，瑪麗安·德比讓我看一些沙子。當她把沙子遞給我，她說：「這些石頭非常有趣。」它們看起來只像是沙子；她要我從一個放大鏡看，於是這些小砂石看來就像我辦公室裡陳列的石頭一樣有意思。我辦公室裡的石頭較大，但是在放大鏡底下，它們看來頗爲類似。

如果有人說：「這是月球上的岩石。」你一定會興味盎然。事實上，我不覺得地球上的岩石和月球上的岩石有很大的區別。即使你到火星，我想你將發現相類似的石頭。這一點我相當確定。所以假如你想要發現一些有趣的事物，與其如登月一般地在宇宙間飛躍，不如在每一當下享受你的生命，觀察你所擁有的一切，眞實地活在你的環境之中。

昨天我到一個屬於自然保育協會的小島參觀，那裡有許多動物、禽鳥和魚類，是一個非常有趣的地方。如果你住在一個像那樣的處所，眞正開始看見各種事物，看見那地區裡

的植物和動物，也許你會想住在那裡一輩子呢！它是如此地
有意思。但是我們人類總是到處跳躍不定，忽略許許多多有
趣的事物。我們或到月球，或更遠的地方旅行，那其實相當
愚昧。如果你駐留於一個地方，你可以徹底而完全地享受你
的生命，而那是更爲人性化的生活。

我不大確定的是，登陸月球是否對人類而言是最好的方
向。我不知道我們在做的是什麼。當我們發現坐禪的眞實精
神，便眞正發現到作爲人類的生活方式。換句話說，我們不
再被事物或某些特定的觀點所愚弄。道元禪師起先拒絕了天
皇(6)御賜的、象徵榮譽的紫袍，他再度拒絕之後，天皇說：
「你一定得收下。」最後他收下了袍子。但是卻從不穿它，
他寫信給天皇，說道：「我非常感謝你賜的紫袍，可是我不
敢穿它。因爲若是我披搭上它，山林裡的鳥兒和猴子可要大
大地嘲笑我呢！」

在修禪時，有時我們修數息法。你或許以爲數呼吸，從
一數到十，又忘記了所數的數目而從頭數起，感覺上有點
蠢。若是用電腦來數的話，就不會有任何錯誤了。但其根本

譯註 6
此指第88代日本天皇——後嵯峨天皇（1220-1272）。

的精神是極端重要的。當我們數著每一個數目時，我們發現到自己的生命是無限地深邃。如果我們只是用普通的方式來數呼吸，像是在測量從此處到月球的距離的那種態度，我們的修行便不具任何意義。

我們以全副的身心來數每一次的呼吸，我們以整個宇宙的力量數著每一個數目。所以，當你真正經驗到數息，你將有深刻的感恩之情，比你抵達月亮還來得多。你不會對某事感興趣，只是因為大家認為它有趣；或不理睬某事，只因人們認為它微不足道。

你或許仍然熱衷於新的體驗，就像是一個嬰兒般。嬰兒對所有的事物，抱持著同樣的基本態度和興趣。如果你觀察她，她總是在享受生命。成人大多數時候被自己先入為主的成見所盤據，我們沒有完全自這客體的世界中解脫，因為我們並未與這客體的世界合而為一。

事物遷變無常。對常人來說，這是頗為洩氣的事。你不能依賴任何事物，不能擁有任何事物；你會看到不想看到的事，會遇見不喜歡的人。有時你想做些什麼，卻發現毫無可能，因此你將被事物發展的方向弄得灰心喪志。作為一名佛教徒，你改變你生命的基礎。「諸行無常」是你於此世遭受痛苦、挫折的原因。當你改變理解以及生活的方式，便可以

在每一刻完全享受你的新生命——事物的消散性正是爲什麼你能享受生命的原因。當你能夠如此修行，你的生命會變得平穩，並具有意義。

所以重點是去改變你對生命的理解，並且以正確的理解來修行。登陸月球或許是偉大的、歷史性的事件，但如我們不改變對生命的理解，它不會具有多少意義。我們需要對生命有更深刻的領會。

我們說有臨濟禪與曹洞禪、小乘之道與大乘之道、佛教與基督教等，但是如果你修行任何一個法門，卻以一種如同在宇宙間跳來跳去的方式來修行，它不會有太多助益。若你對修行有正確的理解，則不論你搭火車、搭飛機，或乘一艘船，都能享受你的旅程。如果你乘坐輪船到日本，也許要花個十天，若是搭飛機，大概十小時；但如果重點是在於享受你的旅程，時間便不是問題。即使你搭上速度較快的飛機旅行，你仍然無法活上一千年，最多只能活上一百年，而且不能重複你的生命。同此，你亦無法將自己的生命與其他的生命相比較。

唯一之道，是去享受你的生命。即使當你在修習禪坐，像個蝸牛一樣地數著呼吸時，你可以欣賞、享受你的生命，也許比登月之旅還要更愉快些。這是爲什麼我們修禪的原

因。你過何種生活並不要緊，最重要的是欣賞享受你的生命
而不被事物的外相所迷惑。

非常感謝各位。

像一頭大象般行走

「我們像一頭乳牛或大象般緩步而行，而不是奔跑飛馳。如果你能緩慢地行走，沒有任何要獲得什麼的念頭，便已經是一名優秀的禪門弟子。」

所有佛法源自修習坐禪，由此，佛陀與我們以心傳心。坐禪是去打開我們傳承的心，而我們所體驗的一切寶藏皆來自這顆心。因為要實證我們的真心或傳承之心，我們打坐修禪。

許多人一心尋找一個特別的地方，所以變得迷惑了。就如道元禪師所說的：「為什麼要放棄你自己的定點，徘徊在沙塵瀰漫的異域？」當我們只是在觀光瀏覽，就會涉入一種想要急速求悟的心態。我們修行的方式，則是一步一步地踏實行走，欣賞我們每天的生活，然後我們能看清自己在做什麼，處在何地。

人們通常以為習禪最好到日本去學，然而那是相當艱難的。「為什麼你不留在禪中心修禪呢？」我問他們。如果你去了日本，大概只會鼓勵他們興建嶄新的建築物。他們將非常高興見到你，但那花費甚多的時間和金錢，而你或許因為

無法發現一個好的禪師而飽受挫折。即使你找到一個好師父，要理解他的語言，向他參學，也是很困難的。

在這裡，你能修習眞正的坐禪，一步接著一步地觀照你自己。我們修行，應如同一頭乳牛，而不是有如一匹馬。我們像一頭乳牛或大象般緩步而行，而不是奔跑飛馳。如果你能緩慢地行走，沒有任何要獲得什麼的念頭，便已經是一名優秀的禪門弟子。

中國在宋朝末年的時候，許多禪師在回應徒弟求悟的渴望時，是以各種心理學的手法，激勵學子頓悟成佛。這些手法不是把戲——如果我說那是一種把戲，可是會被責罵的——但我覺得那類的修行方法有如一種策略。那些禪師可以成爲心理學家的好朋友；心理學家們總試著要解釋開悟的經驗。但原本修禪的法門，是完全不同於這樣的修行方式的。

道元禪師非常強調這一點，他引用中國禪宗初祖——菩提達摩與二祖慧可大師的故事。菩提達摩告訴慧可：「你若要求吾法，入道之門是摒息外界的諸多攀緣之物，並止息內在的情緒與妄念。當你變成一塊磚或一面石牆，你便進入了『道』。」

對慧可大師來說，這是一個非常困難的法門，如你們所

經驗過的。然而他努力修行，直到最後，他想他終於理解了菩提達摩的本懷。於是，慧可稟告菩提達摩，在他的禪修中，功夫已經是無有間斷、永不停歇地在修行著。菩提達摩說：「那麼你又是誰？是誰修行無有間斷？」慧可云：「因為我相當了知自己，很難指出我是誰。」於是菩提達摩印可說：「你所說的是對的。你是我的法子。」(7)你明白這個故事的涵義嗎？

我們坐禪不是爲了求悟，而是要表現我們的眞實本性。當你修禪時，即使是你的念頭，也是本性的顯現。你的念頭就像是某個人在後院或在對街說著話，你或許在想他們在說些什麼，但那個某人並不是一個特定的人，那個某人是我們的眞實本性。我們內裡的眞實本性一直在談論著佛教，不管我們做什麼，都是佛性的展現。

當二祖慧可大師到達此一階段，他告知菩提達摩，他想他已悟道：「一面石牆是佛性，一塊磚亦是佛性。一切事物都是佛性的展現。」我曾經以爲在開悟之後，將會知道在後

譯註 7

參《景德傳燈錄》卷三：「別記云。（達摩祖）師初居少林寺九年。為二祖說法秖教曰外息諸緣內心無喘。心如牆壁可以入道。慧可種種說心性理。道未契。師秖遮其非不為說無念心體。慧可曰。我已息諸緣。師曰。莫不成斷滅去否。可曰。不成斷滅。師曰。何以驗之云不斷滅。可曰。了了常知故。言之不可及。師曰。此是諸佛所傳心體。更勿疑也。」

院說話的那個人是誰；但並沒有特別的一個人躲藏在那解釋特別教法的人之內。我們所見的一切事物、所聽的一切事物。皆是佛性的顯現。當我們說佛性，佛性是萬事萬物。佛性是我們天生的真實本性，它是普遍性的，通用於我們每一個人及一切眾生。

由此我們明白，我們的真實本性一直在持續不斷地做一些事情，所以慧可大師說修行無有間斷，因為那是佛陀的修行，既無始，亦無終。所以，是誰在做這樣的修行呢？也許是慧可其人，然而他的修行恆常無間──它起於無始的過去，將會止於無終的未來，因此很難指出是「誰」在以此道修行。

當我們修習坐禪時，我們是與所有的祖師一起修行，你應該早就清楚明白這一點了。即便你的坐禪不是挺好的，你不能夠浪費時間。你或許還不知道坐禪是什麼滋味，然總有一天，在某個時候，某個人會認可你的修行。所以只要好好修行，不懶散閒蕩，也不做觀光旅遊般的禪修，你將有加入此道、一同共修的機會。修行的好與壞都無妨。如果能用這種理解來打坐，對你的佛性具有確定的信心，遲早你會發現自己與祖師們同處一堂。

　　所以重點是，不以任何急功近利或求取聲名的心念來修行。我們不是為他人或為自己而打坐，我們僅只是為了坐禪而坐禪。只管打坐。

　　非常感謝各位。

第二部

從「空」捎來的一封信

「對實相的所有描述，都是對『空』之世界的有限表達。
然而我們執著於這些敘述而認它們為實相；那是一個謬
誤。」

從「空」捎來的一封信

「雖然我們沒有那來自『空』的境界中實際寫下來的交流書信，但我們對其有一些暗示或聯想，那便是，你可以說，是開悟。當你見到梅花盛開，或是聽到一個小石頭擊中竹子的聲音，那就是從『空』捎來的一封信。」

「只管打坐」，是去修行或實證空性。雖然由你的推想，你可以有一種試驗性質的理解；然而，你應該從經驗來理解空性。你懷有對空性的概念和對存在的概念，而且你以為存在與空性是互相對立的。但是在佛教中，這兩者都是存在的概念。我們所說的空性，並不像你既有的概念。以你思想的心或你的感覺，無法達到對於空性的完全理解。那就是為什麼我們要修習坐禪的原因。

日語裡有一個詞「消息」（shosoku，或譯為「訊息」），是指當你收到家書時的感受。即使沒有一張真正的照片，你隱隱約約地知道某些家裡頭發生的事，家人在做什麼，或是庭園裡哪些花朵在綻放。這是「消息」的意思。雖然我們沒有來自「空」的境界中實際寫下來的交流書信，但我們對其有一些暗示或聯想——那便是，你可以說，是開悟。當你見到梅花盛開，或是聽到一個小石頭擊中竹子的聲音，那就是

從「空」捎來的一封信。

除了我們可以描述的世界之外，另外還有一種世界。對實相的所有描述，都是對「空」之世界的有限表達。然而，我們執著於這些敘述而認它們為實相，那是一個謬誤，因為所敘述出來的，並不是真正的實相；而當你認為它是實相時，已經包含你個人的觀念和想法，那是一個自我的概念。

許多佛教徒犯下這個錯誤，這就是為什麼他們牢牢執著於經典寫下來的佛陀的言語。他們想，佛陀的開示是最珍貴最有價值的，因此保存其教法的方法，就是銘記他的字字句句。但其實佛陀所說的教示，是一封來自「空」之世界的書信，只是他給我們的一點暗示或幫助。如果其他人讀了這封信，也許無甚意義。那正是佛陀言語的本質。想理解佛陀的言語，我們不能依賴我們通常的妄想心。如果你要讀懂一封來自佛境界的信，有必要先理解什麼是佛境界。

「空去」一個茶杯裡的水，並不是說喝掉它。「空去」的意思是有直接、純淨的經驗，而不仰賴存在的形式或顏色。所以我們的經驗是「空去」先前具有的觀念，即我們對存在的種種概念、大或小、圓或方的概念。大小方圓，並不屬於現實實相，它們僅僅是觀念。這就是「空去」杯水之意。即使我們見到水，亦無有「水」的概念。

　　當我們分析一己的經驗時，就產生了時間或空間、大或
小、重或輕的概念。某種的衡量尺度是必要的；以我們心中
各式各樣的衡量尺度，我們經驗著事事物物。然而，事物本
身並不具有衡量尺度，那是我們強加到實相上的。因爲我們
一直使用著衡量尺度，並且極度地依賴它，於是以爲那尺度
眞正存在，但它其實不存在。如果它存在的話，將與事物一
起存在。使用一個衡量尺度，你能把一實相解析爲各個實
體、大或小等，然而一旦我們將事物概念化，它便是一個死
的經驗。

　　從自己的經驗中，我們「空去」大或小、好或壞的觀
念，因爲我們所運用的量度常常是基於「自我」。當我們說
是好或是壞，那衡量尺度即爲你自己。那尺度不總是相同
的，每一個人都有不一樣的尺度。因此，我不是說那尺度老
是錯誤，但是在我們作分析細查，或當我們對某事持著某些
觀點的時候，很容易就會用上我們自私的尺度。那自私的部
分應該被空去。如何能夠空去自私的部分，則是修習坐禪，
因而我們變得更習慣於接受事物的本然，而沒有任何大小、
好壞的觀念。

　　對藝術家或作家而言，爲表現他們直接的體驗，他們或
以繪畫、或以寫作來表達。但假如他們的經驗非常地強烈而

純淨，他們或許會放棄去敘述，而說：「唷，我的天啊！」只是如此。在我家的四周，我喜歡造一些小型的盆景庭園，然而當我漫步到溪邊，看到那些絕妙的巖石和川流不息的河水，我便放棄了：「喔，不，我從來就不應該建造一個假山庭園的。還不如去把塔撒加拉溪清乾淨，撿拾一些掉落的紙屑和斷枝來得好些。」

自然本身的美麗，超越其美麗。當你僅見到自然的一部分，你或許要想，這塊石頭應該往這邊挪一些，那塊石頭應該往那邊移一點，然後這才是一個完整的庭園。因為你用狹小自我的衡量尺度限制了實相，於是便有了好庭園、壞庭園的分別，而你更想去更換幾塊巖石。但是，若你以一顆較寬廣的心來看待事物，如其本然的面貌，就沒有要造作改變的必要。

事物自身是空的，但因為你添加上某些東西，你便損壞了真實的實相。所以，若我們不「損害」事物，那即是「空去」事物。當你修禪打坐時，不要被各種聲音給騷擾，不要運作你的妄想心。這是說，不去倚賴任何感官覺受或妄動的心念，而只是接收那封來自空之境界的書信。那是「只管打坐」。

「空去」的意思不是「否定」。通常當我們否定某事，就

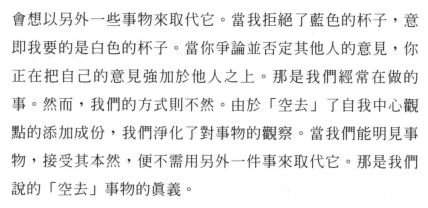

會想以另外一些事物來取代它。當我拒絕了藍色的杯子，意即我要的是白色的杯子。當你爭論並否定其他人的意見，你正在把自己的意見強加於他人之上。那是我們經常在做的事。然而，我們的方式則不然。由於「空去」了自我中心觀點的添加成份，我們淨化了對事物的觀察。當我們能明見事物，接受其本然，便不需用另外一件事來取代它。那是我們說的「空去」事物的真義。

如果我們能夠「空去」事物，讓它們如其本來之面貌，事物將會運轉自在。原本萬事萬物息息相關，同為一體；由於同為一體，所以可以延伸擴展。為讓其能伸展，我們空去事物。當我們抱有這樣一種態度時，即使沒有任何宗教的概念，我們懷有宗教。若在我們的宗教修行中缺乏這種態度，修行將會輕易地變成像鴉片一般。淨化我們的經驗，觀照事物的本然，是為了理解空的境界，並且明白為什麼佛陀會留下這麼龐大豐富的法教。

在坐禪的修行中，我們不尋求任何事物，因為若是我們在尋找什麼，就已涉及了一種自我的概念，然後我們試著去達到什麼，更進一步地推動了自我的概念，那是一般當你努力時所做的；但是我們的努力，是為了要去除自我中心的活動，此即我們如何淨化自己經驗的方式。

　　舉例來說，假如你正在閱讀一本書，你的妻子或你的丈夫也許問你：「要不要來一杯茶呢？」你或者回答：「喔，我很忙，別煩我。」當你以這樣的一種方式來閱讀時，我想你可要小心了。你應該是準備好，說：「是的，那好極了。請給我一杯茶。」然後放下書本，享用一杯茶。喝完茶之後，再回到你的閱讀裡。

　　不然，若你的態度是：「我現在很忙！」那不是好事，因為那表示你的心並非完完全全地運作著。你一部分的心非常努力地工作，但另一部分的心則不做什麼，你或許將要在你的活動中失去平衡呢！如果只是閱讀，沒什麼關係，但如果你正在揮寫書法，而你的心並不在「空」的狀態，你的作品將會告訴你：「我不處於『空』的狀態。」你就該停筆下來。假如你是一個修禪的人，寫下一篇這樣的書法，你應覺得羞愧。寫書法就如同修習打坐，所以，如果你在寫書法，而某人說：「請用一杯茶吧！」而你卻回說：「不呢，我正在寫書法！」你的書作將告訴你：「不！不！」你是無法愚弄自己的。

　　我要你理解，我們在禪中心這裡所做的是什麼。有時，把修習坐禪當作是一種練習或訓練，以使你的修行更強壯穩健，或使你的呼吸平順自然，這並不是問題。那也許都包含

在修行裡，但是，當我們說「只管打坐」時，其意義是與上述的訓練有所不同的。當我們收到一封來自於「空」之世界的信，「只管打坐」的修行才真正發生作用了。

非常感謝各位。

糙米正好

「『你多喜歡打坐呢？』我想，更好的問法是，『你多喜歡糙米呢？』坐禪是一個太大的題目；糙米則正好。實際上，兩者沒有多少區別。」

你多喜歡打坐呢？我想，更好的問法是，你多喜歡糙米呢？坐禪是一個太大的題目；糙米則正好。事實上，兩者沒有多少區別。當你吃糙米飯時，你必須咀嚼它，除非你細細地嚼，不然是很難將糙米飯吞嚥下去。當你咀嚼得很好，你的嘴變成廚房的一部分，而糙米實際上變得越來越有滋味。我們吃白米飯的時候不用嚼這麼多，但多一點的咀嚼感覺是這麼好，米飯自自然然地就滑進我們的喉嚨裡。

當我們能夠完全地消化食物，它會成為什麼呢？它會被轉換，改變它的化學性質，而且會充滿我們全身。在過程裡，食物在我們的身體內「死去」。吃進和消化食物對我們而言是很自然的事，因我們一直在變易狀態中。這一有機的過程，稱之為「空性」。稱它為空性的原因，是因為沒有特別的形式。它具有某種形式，但那形式不是永恆的。當它改變的時候，就開展了我們生命的能量。

　　我們知道我們是空的，而且地球也是空的；形式不是永恆的。你也許亟欲了知，「那麼這個宇宙究竟是什麼呢？」但是宇宙無有界限。經由乘坐太空船的宇宙旅行，是不能夠用來了解「空性」的。當你完美地、專注地咀嚼米飯時，你能了解空性，那是真實的空性。

　　最重要的一點，是真實不虛地建立你自己，而不是在錯覺、幻象上建立你自己。然而，若無虛妄幻象，我們不能存活或修行。幻象是必要的，但你不能於幻象之上建立自己。它像個高腳凳子，沒有它，你不能爬高，可是你不必逗留其上。以這種自信，你能夠以我們之道，繼續研習。那就是為什麼我說：「別離開，跟著我。」我不是說：「黏著我。」我的意思是你應跟隨你自己，而不是跟著幻覺跑。有時候，我或許是一個幻象，你也許高估了我：「他真是一個高明的師父！」那已經是一個虛妄的幻覺了。我是你的朋友，我剛好有幾個高腳凳子，以一個朋友的身分和你一起修行。

　　我們不應該因為追隨著一個不怎樣的師父，或有一個不怎樣的徒弟而感覺失望。你知道，如果一個差勁的徒弟和一個差勁的師父一起奮勉於真理，某些真實的事物會被建立起

來。那即是我們的坐禪。我們必須繼續修習打坐，繼續咀嚼
糙米飯。最終，我們將能完成某些事。

非常感謝各位。

如廁的禪道

「幸或不幸地，即使你不喜歡它，我們都得上廁所，那帶有
臭味的廁所。我很抱歉這麼說，但我想，只要我們活著，我
們就必須上廁所。」

　　你現在感覺如何？（聽眾笑）我不知道你覺得如何，但
我覺得有如剛剛上過廁所般暢快。我已經老了，得常常上廁
所。即便是當我還很年輕的時候，也比其他人都來得頻尿，
有時候我因此而有一點優惠。當我開始在永平寺(1)參學，於
旦過寮禪坐——在日本，要進入一座禪寺時，須先連續打坐
數日——我可以跑廁所而沒有自我良心的譴責，因為我必須
去！我非常高興去廁所。我想，如廁之道，是一個看待我們
修行的好方法。

　　雲門文偃禪師(2)也許是第一個把修行和廁所作上關連的
禪師。有人問他：「你的修行是什麼？如何是佛？」他回
答：「廁所紙。」事實上，現在我們用廁所紙，當時他說的

譯註 1

永平寺，日本曹洞宗之大本山，十三世紀時由道元禪師所創。參本書第一部第三章「自
一切中解脫」的譯註。

是「你在如廁後清潔自己的東西」。(3)這是他的話語。其後，許多的禪師都思索、修行這則公案：什麼是在如廁後清潔自己的東西？爲什麼他要這麼說呢？

在我們每天的生活裡，我們吃下許許多多的食物，好的壞的，特別的和簡單的，可口的和難吃的。接下來，我們得上廁所。同樣地，在填充我們的心之後，我們修習禪坐，不然的話，我們的念頭最後會變得很不健康。在研習某事之前，讓自心清淨是必須的。就像是在白紙上繪圖，如果你不用乾淨的白紙，你不能畫自己想畫的。所以，很有必要回到你本來的狀態──你無所見、無所想之處，然後你將明瞭你在做什麼。

你修坐禪越勤，對每天的生活就會越感興趣，你會發現哪些事物是必要的，而哪些不是；什麼地方應該矯正，以及

譯註 2

雲門文偃（864－949，雲門，日音Ummon），自六祖慧能以降，禪宗分五家七派。其中繼石頭希遷之後數傳，五代時，文偃創立雲門一宗。早年廣覽諸經，深究《四分律》；後遍訪高僧大德，參究印證。他經常以一個字來截斷學生的妄想情識，禪林稱做「雲門一字關」。又以「絕斷眾流，不容擬義，凡聖無路，情解不通」爲雲門宗旨，其風格高危險峻。門人德山緣密概括爲「雲門三句」──函蓋乾坤，截斷眾流，隨波逐浪。

譯註 3

雲門因僧問。如何是佛。門云乾屎橛──清糞便的短木片。參《禪宗無門關》。

什麼地方應該加強。因此，經由修行，你將知道如何組織自己的生活。這是說，去準確地觀察你的情況，清淨你的心，從你的本然起始點開始。這便像是上廁所一般。

　　我們的文化奠基於去得到，或積聚種種事物的觀點之上。例如，科學是知識的累積，但我不知道是否有一位現代的科學家比十六世紀的科學家還偉大。不同之處，只在於我們累積了甚多的科學知識。這是好的，同時也是危險的；我們有被一切積聚的知識給埋葬的危險，有如試著要生存，但不去上廁所。又好比我們在污染的水池、空氣之中游泳，卻大談著污染；同時間，我們幾乎難以從我們的知識染污中存活下去。

　　我們都曉得如何不執著自己體內的某些東西而去上廁所。當我們明白我們原來早已擁有每一件事物，將不會再執著於任何事物。事實上，我們擁有一切；即使不登陸月球，我們已擁有它。若我們嘗試登月，那表示我們不認為月亮是屬於我們的。

　　如佛陀所開示的，我們的心與萬事萬物同為一體。在我們的心中，一切事物皆存在。如果我們能以此方式理解事物，就能理解我們的活動功用。去研究某件事物，是去欣賞某件事物；去欣賞某件事物，是不去執著於該物。當我們不

執著於事物，所有事物都是我們的。我們的修行是去了解這種「大心」；換句話說，去超越每一存在，包括我們自己的存在，並且讓我們自身如其作用而作用。這是修習坐禪。當我們修禪時，實際上清除了自己各式各樣的執著。

我們非常畏懼死亡。然而，當我們益加成熟，便能領會：死亡總有一日終將降臨到我們身上。若你在年紀輕輕時猝死，那不是一件好事；如果我現在死去，對我自己或對你們都不是太糟糕的，因為我已經有足夠的成熟度來接受死亡。我頗為了解自己的生命，怎樣是活一天，活一年，活個六十年或一百年。所以無論如何，當你漸臻成熟，飽含經驗，在此生中吃過許多食物，我想你會高高興興地面對死亡，就像是你會高高興興地上廁所。它就像是這樣子的。

一個八十或九十歲的老人，沒有太多問題。就肉體而言，老人受著病苦，但那痛苦並非你所想像的那麼巨大。當人們年輕的時候，一想到死亡，便彷彿是件極為可怕的事情，所以當死亡來臨時，他們仍然如此想著；但事實上，它不是這般。我們忍受的肉體痛苦是有極限的，心理上也有容量的極限，但我們總以為它是無限度的。我們會有無限的痛苦，因為我們擁有無限的欲望；佛陀說，那種欲望，製造出我們的各種痛苦。以無止境的欲望，我們積累了一個又一個

的問題,因此我們生出無底的恐懼。

實際而言,假使我們知道怎麼樣來清淨自心,便不會有這許多的問題。如同我們每天都要上廁所,我們每天習禪打坐。在寺院生活裡,最好的修行是清潔廁所。不論你到何處,哪一座寺院,你總會發現到一個特別的行者在做清潔廁所的工作。我們不僅是因其骯髒之故,所以要清潔廁所;不管它乾淨與否,我們清潔它,直到有朝一日我們能夠這麼做而沒有任何乾淨或骯髒的念頭。若能如此,那即是我們真實的禪修。將這種修行延伸到尋常生活中也許是困難的,但它其實相當簡單,只是我們的懶惰使它顯得困難。那就是為什麼我們強調耐力,以持續我們的修行。修行不應有間斷;修行應該是一個時刻接著另一個時刻地相續不斷。

有些學子非常勤於打坐,卻忽略日常的生活。若其中有人開悟了,他們或者要說:「我跟隨一位偉大的禪師而得悟,不管我做什麼都沒有問題,從好壞之中我已得到完全的自由。只有那些尚未證悟的人們,才執著於好與壞的觀念。」這樣說的人輕忽了每天的生活。他們並沒有照顧自己的生命,不知道如何組織、安排生命,或是生活應有怎樣的節奏。去了解我們生命的韻律節奏,是去理解我們在做些什麼。經由禪坐經驗,以一顆清明的心明見我們的行為,是有

必要的。

　　我來到美國，因爲在日本有許多煩擾的問題。我不是很確定，但也許那是爲什麼我到美國的原因。在日本時，我的禪坐工夫並不像我在這裡的修行。現在我有的問題與在日本時截然不同。即使我與你們一同打坐，我的心卻像個垃圾桶。雖然我身在美國，一個自由的國度，我的心卻像個垃圾桶。我是日本人，在這裡有不少的日本朋友，所以我除了其他的問題之外，還有大多數日本人所擁有的問題。有時候我訝異自己在這裡做什麼，然而，當我清晰明見自己所做的，非常誠實和眞實地，沒有任何的高估或貶低，我的心便沒有太多的負擔。修習坐禪特別對我幫助甚大。如果不是因爲修禪，我不能夠以我舊有的方式生存下來。我在很年輕的時候就開始修行了；然而，只有在抵達舊金山以後，我才開始眞正地、實在地修行。

　　跟我學禪，你也許覺得相當艱難。我明白我所做的，對你或許是很大的挑戰。但是，若缺乏與其他文化背景裡養成的人做溝通交流，要從另一個角度來理解事情是不可能做到的。僅僅從自我中心的、個人的或國家的觀點來理解事物，是我們的弱點，當我們這麼做，便無法眞正地發展我們的文化。當文化、文明進展到這一個地步，使它健康的唯一方

式，便是參與不同人群的文化活動，然後你將更爲了解自己，如同我到達舊金山之後，對自己體會更多，坐禪也更精。

當你更了解自己、更了解別人，你能夠做你自己。做一個好美國人，是做一個好日本人；而做一個好日本人，是做一個好美國人。因爲我們執著於日本人或美國人的方式，我們的心便有如廢紙桶。若你注意到這點，你將明白坐禪的重要性。幸或不幸地，即使你不喜歡它，我們都得上廁所，那帶有臭味的廁所。我很抱歉這麼說，但我想，只要我們活著，我們就必須上廁所。

如果我年輕一點，現在就可以爲諸位唱一首日本民謠，是有關於廁所的。

非常感謝各位。

照料土壤

「空性，是一個園子，其中你見不到任何事物。它其實是一切之母，從裡面萬事萬物得以生成。」

　　我們大多人研習佛教的態度，就像某件事物已經賜予了我們。我們以為自己所應做的，是保存佛的教法，像把食物放在冰箱裡。然後，在研究佛法時，我們就像是把食物從冰箱裡拿出來；每當你需要佛法的時候，它早已在那裡。但禪門弟子不同，我們應該對食物怎樣從田野、從園子裡出產感到興趣，我們把重點放在土壤上。

　　我們都具有佛性；從佛性衍生出來的教法多所類同。各個派別的佛教沒有很大的歧異點，但對教法的態度則不盡相同。當你認為佛法已經是給了你的，自然地，你的努力是把佛法運用於這共有的世界上。例如，南傳上座部應用十二緣起（無明、行、識、名色、六入、觸、受、愛、取、有、生、老死）於現實生活中，我們如何得生、如何死亡。大乘的理解是，當佛陀傳法之時，原始的本懷是在解釋不同眾生的相互依存性。

　　佛陀以摧毀我們的一般常識，試著來解脫我們。通常我們對於土地的空無毫無興趣，我們傾向對那些從園子裡長出來的東西感興趣，而非那空無裸露的土壤。但是如果你要有良好的收成，最重要的是使土壤肥沃，好好地培養土壤。佛陀的教示，不是針對食物本身，而是它是怎麼樣生成的，怎麼樣能照顧它。佛陀不會針對一尊特殊的神祇，或已經在那裡的某件東西感到興趣；他對大地——其中各種不同的園子得以顯現，感到興趣。對佛陀而言，一切事物都是神聖莊嚴的。

　　佛陀不認為他自己是個特別的人，他努力嘗試做一個最平常普通的人，穿著僧袍，托缽乞食。他想：「我有許多徒眾，因為他們是非常好的徒弟，不是因為我的緣故。」佛陀是偉大的，因為他對人們的了解甚深；也因為他了解人們，愛護他們，而且以幫助眾生為一種享受。因為他有這種精神，他可以成佛。

　　非常感謝各位。

每天的生活就像是一場電影

「當你修行的時候,明白自己的心就像個螢幕。如果它是一
個彩色寬螢幕,多采多姿,吸引許多人事,就不能達到其目
的。所以,有一個不帶色彩的螢幕——一個純淨的、簡單的
白色螢幕——是最重要的一點。」

我想,你們多半相當好奇「禪」到底是什麼。禪,實際
上是我們生活的方式,修習坐禪,就有如你設定鬧鐘。除非
你設定鬧鐘,否則它不會有所作用。每一天,我們應該有一
個起始點。太陽在某一個時辰昇起,某一個時辰落下,總是
重複同樣的事。我們也是如此,雖然我們或許沒有這樣的感
覺。除非生活中有組織,不然,我們也許無法理解從哪裡開
始生活的重要性。

作為禪門弟子,我們的生活從坐禪開始。我們回歸到
「零」,以「零」為起點。雖然一天裡有各種活動,最重要的
是,體會這些活動皆從「零」生起。在那一刻你決定要打
坐,意味著你已經設定了你的鬧鐘。當你有了足夠的信心,
下決心開始修禪,那即是「零」。

坐禪時,你也許會聽見小鳥鳴唱的聲音;某個事物從修
行中顯現。同樣地,在我們每天的生活裡,許多事物會出

現，而如果你知道它們從何而起，便不至於被它們所打擾。因為你不知道它是怎樣發生的，因此變得困惑。若你了知事物如何生起，那麼，當某事發生的那一刹那，你早已有所準備：「喔，某事出現了。」就如同觀看旭日初昇一般：「喔，看呀，太陽剛剛昇起呢！」

　　比方說，有些時候你會生氣，但怒氣其實不是突如其來的，它或許來得非常緩慢。當你一下子感到怒氣沖天，那才是真的憤怒。但是，如果你知道它是怎麼樣生起的——「怒意正從我心裡產生」——那不是憤怒。人們或說你在生氣，但事實上你沒有生氣。假如你知道自己即將開始哭泣：「喔，我要哭了」，然後再兩、三分鐘，「我開始哭了」，那不是哭泣。我們的修行是去接受事事物物，如同你接受在打坐時所生起的各種意象。最重要的，是持有一顆「大心」，以接受萬物。

　　倘若你修習坐禪，目的是為了要證得覺悟，那便好像使用鬧鐘卻不設定時間，它會響，但沒有多大意義。每天早晨在一定時間打坐，則深具意義。在任何個別的時刻裡，了知你在做什麼，最為要緊。這是根據你所處的境況而精進努力。

　　我們日復一日的生活，就有如是一場放映在寬螢幕上的

電影。大多數人對螢幕上的畫面發生興趣，而沒有了解到螢幕的存在。當電影終止，你看不到什麼了，想著：「明天晚上我一定再回來。」（聽眾笑）「我會回來看另一場電影。」若你只是對螢幕上的電影感興趣，終場時，你會期待明天的下一部戲，或者你會因為現在沒有上映什麼而覺得沮喪。你不知道螢幕總是在那裡。

然而，當你修行的時候，你明白自己的心就像個螢幕。如果它是一個彩色寬螢幕，多采多姿，吸引許多人事，它將不能達到其作用目的。所以，有一個不帶色彩的螢幕——一個純淨的、簡單的白色螢幕——是最重要的一點。但多半人們對純淨的白色螢幕不感興味。

我想，看一場電影而感到興奮，是好的。在某種程度上，因為你知道它是一場電影，所以能夠享受它。即使你沒有察覺到螢幕的存在，你的興味基於一種了解——這是一個帶有螢幕的電影，有一架放映機或某種人為的裝置，所以你可以去享受它。那也就像是我們如何得以享受我們的生命。假如你對那裡有一個螢幕或放映機毫不知情的話，也許你將不能夠視生命為一部電影。

禪修是必要的；你可以得知自己具有的是哪一種螢幕，並且享受你的生活，如同在電影院裡享受一部電影；你不懂

怕螢幕。對螢幕，你沒有特別的感覺，它只是一個白色的布幕，所以，你毫不畏懼生命。你享受使你害怕的事物，還享受那些讓你憤怒或讓你哭泣的事，而你也享受哭泣和憤怒本身。

若你對螢幕的存在毫無所知，那麼，你甚至會對開悟感到害怕：「它是什麼？」「喔，我的天呀！」（聽眾笑）如果有人證悟了，你或者要問他，他所經驗的是什麼。當你聽了他的描述，你也許說：「喔，不！那不是我要的。」但你知道嗎，那不過是一場電影，讓你欣賞、享受的某種事物。而且，就如你要欣賞電影一樣，你應該明白它是軟片、光束和螢幕的組合，而其中最要緊的是那簡單的白色螢幕。

那白色螢幕並非是你可以獲得的；它是你早已擁有的。你不覺得自己擁有它的原因，是因為你的心太忙碌了。偶爾，你應該停止所有的活動，使你的螢幕成為白色，那便是坐禪，是我們每天生活的基礎，以及我們的禪修。缺乏這種基礎，你的修行不會發生作用。所有你所接收的指導，是關於如何能有一個清淨的、白色的螢幕；即使因為各種執著和先前的染污，它從來不是純然白色的。

當我們只是修習坐禪而不懷任何思想觀點時，可以是相當放鬆的。因為通常的姿勢很難令人完全放鬆，我們採取坐

禪的姿勢。我們這麼做，是跟隨過去許多前人累積下來的經驗。他們發現，坐禪的姿勢比其他的姿勢，如站立或躺下，都來得好。如果你追隨這些教誨來打坐，它會發生效用。但是，若你不信任自己的白色螢幕，你的修行將不會得力。

非常感謝各位。

回歸廣大的心懷

「當我們修習坐禪，並不是我們的『大心』在實際控制著『小心』；而僅是當『小心』變得安穩平靜之時，『大心』才開始它真正的活動。」

禪七接心的目的，是要使我們完全地與修行合而為一。我們用兩個中文字來表示——「接心」或「攝心」。「接」的意思，是去接待某事，如同你接待一個客人，或學生接待老師的方式；「接」的另一個意思是去掌管或安排事情，使其有序。「心」則指心智或心靈。所以，「接心」的意義是具有適當完整的心的作用。我們的五官和意志，或可稱為「小猴之心」，應該被掌控；當我們能控制一己的猴心，便回歸到我們真實的大心。倘若猴心總是在接管大心的活動，我們自然地成為一隻猴子。因此，猴心應有牠的監督老闆，也就是大心。

然而，當我們修習坐禪，並不是我們的「大心」在實際掌握控制著「小心」；而僅是當「小心」變得安穩平靜之時，「大心」才開始它真正的活動。在尋常生活中，大多數時候，我們所涉入的是「小心」的活動。那就是為什麼我們

應該修習坐禪，而且完全地從事於回歸到廣大的心懷。

　　在我們修行上的一個好譬喻，是一隻烏龜的意象。烏龜有四隻腳，一個頭，一條尾巴──牠身體的六個部位，有時伸在龜殼外，有時縮進龜殼內。當牠要進食或前往某處時，就把腳伸出去；但是如果老是伸出腳部，會有被捕擄的可能。當危險情況發生時，牠就把腳、頭、尾巴都收縮起來。這六個部分，意指五官和心。此即是「接心」。一整個星期中，我們的頭、尾、腳都收在殼裡。經文有云，倘若我們的六個部位皆藏在殼內，就算是惡魔也不能來摧毀我們。

　　坐禪時，我們不努力去停止思想，或切斷聽覺和視覺。如果有某件事物在你心中出現，不理睬它。如果你聽見某個聲響，聽到它，並接受它，「喔」──僅是如此。在你的坐禪裡不應有第二個活動。音聲是一個活動，第二個活動則是：「那是什麼聲音呢──是一部汽車、垃圾車，還是其他的聲音？」若你聽到一個聲音，僅此而已──你聽見了；不要去作任何判斷，別去猜想它是什麼。只要開放你的耳朵去聽，開放你的眼睛去看。當你打坐一長段時間，盯著牆壁的同一個地方，你也許會看到各式各樣的形象：「看起來像一條河」或「那像是一條龍」，然後你想自己不該胡思亂想，但你仍見到不同的物體。逗留在種種影像上也許是殺時間的

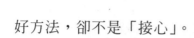

好方法，卻不是「接心」。

專注集中在某物上或許是重要的，但僅僅是有一個十分專注的心，並非坐禪。專心是修行的一個元素，然而，心的平靜也是必需的，所以不要去強化五官的活動，讓它們如其本然。這是如何使你的真心解脫之道。當你能在日常生活中這麼做時，你會有一顆柔軟的心；你不會有太多的成見，也不至於被自己思想的壞習慣給擊潰打倒。若擁有一顆慷慨的心、大心，你所說的話語，將會對他人有所助益。

打個比方說，在《正法眼藏隨聞記》(4) 中，道元禪師轉述了一個聽來的故事，是有關於權勢甚大的藤原（一條）基家的事蹟。有一天，基家發現他的劍不見了，既然沒有人可以闖入他的家宅，他的近侍之一必然偷了劍。後來，劍被尋獲，並呈還給他，但是基家說：「這不是我的劍，拿回去給那個擁有此劍的人。」人們都知道，擁有此劍的人便是偷竊此劍的人，但是因為基家不怪咎，沒人可以置喙，所以無事發生。根據道元禪師，這就是我們所應具備的心的平靜。

譯註 4

《正法眼藏隨聞記》，是道元禪師對其弟子的開示記載，由道元之弟子懷奘（Ejo, 1198~1280）筆錄。其中道元以簡明直接的方式，講述他的見地、修道經驗與師承等等。

　　若我們有一個慷慨從容的大心，而且具有堅強的修行精神，那麼便沒有什麼是值得擔憂的。道元禪師強調一種清貧、簡單的生活；不期待任何事物，我們只是以吾道修持。許多弟子問他，如何支撐寺院僧團而沒有先行計畫，他回答說：「當維持寺院變得極為困難時，我們再去擔心，但直到當刻，不必想它。」所以，直到某事發生之前，操心太多，並不是我們的做法。如此，我們能有全然的心的平靜。因為當你擁有什麼，你擔憂要失去它；但若你一無所有，就沒有擔心的必要了。

　　有一天晚上，道元禪師開示說：「即便你認為所受的法是完整和正確的，若有他人告訴你更上乘之道時，你應改變見解。」如此，我們對法教的見地不斷地進步著。因為在那時，你以為是對的，所以你跟隨其教理規章，然而，你也在心中留下餘地，以便日後有改進自己觀點的可能。這是柔軟心。

　　改變你的見地之所以有可能性，因你深知你的妄想心是哪一類的猴心。有時候你跟隨猴子的建議──「是呀，好的，如果我們朝那個方向走，就可以得到一些食物。好極了，我們走！」當你見到一條更好的道徑，你或許要說：「喔，猴子啊，走這條路比較好。」但是，若你固著於一己

的貪婪或憤怒，或其他情緒，若你固著於自己的妄想心、猴心，你將不能夠改變；你的心態不柔軟。

所以，在我們的修行中，我們仰賴於某些極大的事物，並且在那極大的空間裡打坐。你腿上的痛或其他的困難，都發生在那極大的空間裡。只要你不失去那種身處於佛性境域的感覺，即使你有困難，你仍可以繼續打坐。當你想要從困難裡逃開，或努力試著要增進修行工夫，便是在為自己製造另一個困難。但如果你只是在那裡存在著，你就有了一個欣賞周遭環境的機會，而你能夠完全地接受自己，無須改變任何事物。那是我們的修行。

在「大心」之中存在，是一種信心的表現，這與通常相信某一特定的觀點或存在有所不同。這是確信有某種事物在支援、維持著我們，支持著我們的活動，包括我們的妄想心和情緒感覺；所有這些皆被某種巨大的、沒有形式或顏色之物所撐持。去知道它是什麼是不可能的，但的確有某事物存在著，其存在既非物質性，亦非精神性，那般的事物向來存在，而我們存在於那空間裡。那是一種純粹存在的感覺。

如果你有足夠的勇氣讓自己整整七天專志於坐禪，一點點的領會將會幫助你鬆緩僵硬和固執。幾乎所有因為頑固心而產生的問題，將會消失無蹤。若你剛好有對實相最微小的

解悟，你的思想方式將完全改變，而你所製造出的問題也不再是問題。但是，只要我們活著，總會有問題，這是眞實不虛的。因此，我們不是修禪來達成偉大的開悟，以改變我們的整個存在，或解決我們的一切問題。這不是正確的了解。人們也許稱之爲「禪」，但眞正的「禪」並非像是那般。

在坐禪時，我們專注於有眞實修行的經驗。忘卻任何要得到什麼的念頭，我們只是在此打坐。如果禪堂太冷了，我們會使它溫暖些；如果你的腿酸痛不堪，你可以舒展它們；如果打坐顯得太困難了，你可以休息一下。讓我們在這接心的七天期間，持續我們的修行。

非常感謝各位。

平常心，佛之心

「『佛』的眞義與『平常心』無所不同；平常心與神聖莊嚴亦沒有區別。這是對自我的完全理解。當我們以這種理解來修禪，那是眞正的坐禪。」

　　我談話的重點是要給你一點修行的支援。你不必記得我說了什麼。假如你執著於我所說的，便是執著於支援物，而不是樹的本身。一棵樹，當它健壯時，也許仍然想要有一些支助，但最重要的是樹的本身，而非支援。

　　我是一棵樹，你們每個人都是一棵樹，你應該自己站立起來。當一棵樹自己站立起來的時候，我們稱它爲「佛」。換句話說，當你以坐禪的眞義來修行，你即是眞的佛陀。有時我們叫它作「一棵樹」，有時我們叫它作「佛」。「佛」，「樹」，或「你」，是佛的許多名稱。

　　當你打坐時，你獨立於各個眾生，也與一切眾生互相關連。而若當你在一己的修行中生出完全的沉靜，你可以涵容萬事萬物，你，不僅僅只是你，你是整個世界或整個宇宙，而且你是一尊佛。所以當你打坐，你是一個普通平常的人類，同時你也是佛。在你打坐之前，或許執著於自己是平常

普通的；因此，在你打坐時，你不再是那未打坐前的同一個人。你明白嗎？

你也許要說，既是平常的，又是神聖的，不太可能。當這麼想時，你的理解是單方面的。在日文裡，我們稱只從單方面來理解事物的人為「擔板漢」（tamban-kan），意為「在肩膀上擔負著一塊木板的人」。因為你背負一大塊木板在肩上，以致無法看到另一邊。你以為自己僅僅是一個普通平凡的人。然而，如果你把木板放下來，你將了知，「喔，我也是佛。怎麼可能我既是佛、又是平常人？真是令人驚訝！」那，便是開悟。

當你經驗開悟時，你會更加無拘無束地理解、領會事物，你不在乎人們怎麼稱呼你。平常心？好的，我是平常心；佛？是的，我是佛。我怎麼成為既是佛、又是平常心的？我不知道，但事實上，我是佛，而我亦是平常心。

「佛」的真義與「平常心」無所不同；平常心與神聖莊嚴亦沒有區別。這是對「自我」的完全理解。當我們以這種理解來修禪，那是真正的坐禪。我們不會被任何事物打擾。不管你聽到什麼，看到什麼，都沒有問題。要擁有這一種覺受，熟習於我們的修行是有必要的。假如你繼續修持，自然地，將產生這種領會和感受。這不僅是智性上的；你將有真

實的感覺。

　　即使某個人能滔滔廣說佛教是什麼，如果他缺乏實際的感受，我們不能稱他為一名真正的佛教徒。只有當你的個性人格，呈現此類感覺時，我們才能稱你為佛教徒。要以這種解悟來表徵性格，則須專心致志於這一要點之上；許多公案和故事都明確指出此點。平凡的心以二元性來理解事物，但即使我們在做一些平常之事，但事實上是佛的行動。佛的心，佛的活動，與我們的活動，無有差別。

　　某人或許說「如此及這般」是為佛心，而「這樣和那樣」是平常心，但是以此方式去闡釋是沒有必要的。當我們做某事之時，我們不能夠說，「我在做一些事情」，因為並沒有一個人獨立於他人之外。當我說了什麼話，你會聽到它。我不能一個人、只為我自己來從事任何活動。如果某人做了某事，所有其他人也都在同時進行什麼事。一刻接著一刻地，我們持續著活動，這也正是佛的活動；然而，你不能說那僅僅是佛的行止，因為你事實上也在行動之中。而後，你也許要說「我」，可是我們不知道誰是那個「我」。你試著說明是誰在做什麼，因為你想要使你的行動理智化；但是在你說任何話語之前，實際的行動已經當下展現。你是誰，即在該處。

　　我們的行動是宇宙性的，也是個人化的，所以沒有必要去解釋我們在做什麼。我們也許想去說明，但若我們做不到的話，也不必感到不安，因為它是難以理解的。事實上，你在這裡，就在此處，在你理解自己之前，你是你；在你試圖解釋之後，你已經不再是真正的你，你只是一個形象。但通常你會執著於那個不是你的形象，而忽略實相。正如道元禪師所說的，人類執著於不真實的事物，忘卻真實的事物。那是我們的真作為。如果你能了解此點，將有完美的沉穩寧靜，而你也能信任自己。不論什麼事發生在你身上，皆無妨。你相信自己，而且這不是一般的、對非真實事物的相信或信仰。

　　當你能夠不帶任何形象或聲音，以一顆開放的心來打坐，那便是真的修行。若你能這麼做到時，即從一切事物中解脫。你依然可以享受生命，一刻接著一刻地，因為你不是把生命視為某一堅固和永恆之事來享受它。我們的生命是瞬時剎那的，並且，在同時間，每一剎那包含它自己的過去和未來。以此方式，我們瞬時和永恆的生命會持續下去。這是我們如何得以真正地過著每一天的生活，如何享受每一天的生活，且如何從各種困難裡解脫的方法。

　　我躺在病床上好長一段時間了，我在思索著這些事情。我不過是在床上修習坐禪；我應該好好享受臥床的滋味。（聽眾笑）有時候是很困難的，然而我嘲笑自己：「為什麼這麼困難呢？為什麼不去欣賞享受你的困難？」

　　我想，那便是我們的修行之道。

　　非常感謝各位。

第三部

修禪

「研習真正的禪，並不是口頭文章。只要敞開自己，放下一切。不論發生什麼事，密切地研究它，看你能發現什麼。這是基本的態度。」

來自內在的支持

「……我們被自己的內在所堅定地護佑著。這是我們的精神。我們總是從內在守護自己，無有間斷，所以我們並不期待外在的任何助力。」

在我們的日課裡，誦過經文之後，我們唸一段回向文，奉獻出我們的功德。根據道元禪師，我們不向外尋求幫助，因為我們被自己的內在所堅定地護佑著。這是我們的精神。我們總是從內在守護自己，無有間斷，所以我們並不期待外在的任何助力。事實上，的確如此，但當我們誦經時，我們以一般通常的方式唸誦回向文。

在一段回向文中，我們說道：「願寺院的雙輪——法輪和物（質）輪暢轉，願國家和本寺或許會遇到的災難，如戰爭、傳染病、飢饉、火災、水災和風災，得以免除。」雖然我們這麼說，實際上懷抱著不同的心境。我們不是觀照自己的修行或唸誦經文，以求取外援幫助，那不是我們的精神。當我們唸經時，我們生出非對立二元性的感覺，完美的平靜，和對一己修行的確信。

如果我們總是懷有那種感覺，就會被支持著。假如我們涉入了對立性的、自私心態的修行，像是怎樣去支助我們的

營建或組織，或去支撐個人的生活，那樣，對我們的打坐或誦經便沒有太多真實感受。當我們對自己的修行之道有了強烈的信心而不期待任何事，便能夠以一種深沉的寧靜感來唸誦經文。那才是我們真正的修行。

　　道元禪師也曾說過，我們並不知道什麼是染污，什麼是潔淨，或什麼是災難不幸；但即便如此，我們有那一種清潔廁所的修行。即使你的臉、或嘴、或身體是乾淨的，但當早上起身，仍應洗臉和漱口。如果你以為清潔廁所是個骯髒的工作，那是一個錯誤的觀點。廁所並不骯髒；雖然你沒有清掃它，它是乾淨的，或者它已十分地乾淨。所以我們是以清掃廁所作為一種修行，而非因為它不乾淨。如果你清潔它，心想它是不淨的，那不是我們的方式。

　　我們所相信的是，法輪先轉，然後物輪也將運轉。如果我們不被任何人所護持，表示我們的法輪不是真的在轉動。這是道元禪師的理解，而我曾做過實驗，看它是不是真實不虛的；特別是在二次世界大戰期間，在我沒有多少食物來充飢的時候。

　　大多數的法師在戰時從事某些行業，以賺錢來撐持他們自身和家庭。我的信仰是，如果我能忠實地遵守佛教徒之道，人們會護持我。假若沒有人支持我，即代表著道元禪師

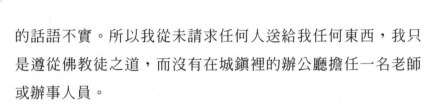

的話語不實。所以我從未請求任何人送給我任何東西,我只是遵從佛教徒之道,而沒有在城鎮裡的辦公廳擔任一名老師或辦事人員。

我在寺院的花園種植了些許蔬菜和甘藷,這便是為什麼我對種菜所知甚詳的原因。在寺院的前方,我有一個很寬敞的園子,因此,我深耕掘土,撿起所有的石頭,放進堆肥。有些村民前來幫忙,所以我們一起種植蔬菜,而且有不錯的收成。

有一天,鄰居來幫我煮飯。當她打開米櫃時,裡面沒有一粒米。我的米櫃很大,這讓她非常驚訝,便帶了一些米給我。那只是一點點米,因為她自己也沒有多少,後來其他鄰居和寺院的信眾也開始為我募集米糧。我有許多信徒,因此便有了相當大量的食米。當人們發現我有許多米,都紛紛前來寺院索求,於是我便把米分給他們。我給越多的人,就接收到更多的米。

在那個時候,大多住在城裡的人,必須到農家用他們的所有物來交換食物:馬鈴薯、稻米、甘藷或南瓜等。但我從沒有這樣的困難。大多數時候我擁有足夠的食物,但如果我吃的和別人不一樣,我會覺得挺不好受的,所以儘量和其他人吃同樣的東西。在塔撒加拉這裡,比起我們在二次世界大

戰時所吃的，既豐盛又富足，所以我對食物從無任何抱怨。假使我們嚴格地觀察自己的修道，必定會被佛陀所護佑。我們將信任別人，也將信任佛陀。

自從二次世界大戰之後，日本法師開始穿著西服，捨棄佛教的僧袍，只有在主持葬禮或追悼儀式時才穿。對此，我不大以爲然，所以我總是穿著僧服。當我來美國時，幾乎所有渡洋的法師皆換穿上剪裁合身的西裝和閃亮的皮鞋，他們以爲要弘揚佛法，必須看起來像是美國人。他們的頭部也不是光亮亮的，而是蓄了長長的頭髮，並梳得齊齊整整的，不再是剃光了的。但即使他們購買最好的西服，搭配最棒的皮鞋，日本人還是日本人，不能變成美國人，而美國人也會在他們穿著西裝或皮鞋的方法上有所挑剔。這是爲什麼我沒有以西式服裝來到美國的原因之一。

另一個原因是，道元禪師說過，我們是從自己的內在被堅定地保護著時，我對那些從僧服換裝爲西服，用以支撐自身的法師感到失望。道元禪師所說的即是我們所說的「祈願寺院的法輪和物輪永遠平順暢轉」的精神意涵。這樣的儀式，是爲了報答佛陀和阿羅漢的恩慈；佛陀和阿羅漢是只以仰賴修行來撐持他們自身的人。如果我們用與他們一般無二的精神來修持，並以此向阿羅漢致上敬意，我們也會被護佑

著。

　　道元禪師說：「如果我們不與一切人、一切眾生、世界上的所有事物，在宇宙的層次上共同修行，那便不是佛教之道。」修禪的真實精神應該永遠與我們同在，特別是當我們誦經或舉行儀式的時候。那不是一種二元的或自私的精神，它是平靜、深沉的，有著堅定的確信。

　　當我們以此方法來修行，我們會一直與整個佛陀的世界合而為一，這裡，業的活動不存在，而我們每天的生活，將被這種充盈各處的力量給保護著。在佛界裡，有的不過是佛的行動；在法界中，一切只是佛行。用這種方式，我們不會妄造任何業力，我們超越了業力的境界。以這樣的精神和理解，我們觀察我們的修行。

　　如果我們對時間的概念太涉入，或擔心要照顧物質的世界，將失去我們的道路。假如一個出家人在這繁忙的、塵俗的世界裡，完全地牽涉在二元對立的修行中，他將不再是一個出家人，那將不再有出家人的存在。即使有出家人在那裡，他們也不是在修習為僧之道。所以佛教徒應該是完完全全的佛教徒。當一名佛教徒真的成為一名佛教徒，他會以一名佛教徒的身分被護持著。

　　非常感謝各位。

打開你的直覺

「……爲了打開本性，並且從心底感受某些事物，保持靜默
是有必要的。以這種修習，你將會對教法有更直觀的理解。
『禁語』不是說要變成聾子，冥頑不靈，而是要傾聽你的直
覺。」

「接心」的目的，在於發展出穩定的修行。在禪七接心
期間，我們不以言語來溝通，然而共修本身，即是一個極大
的鼓勵。口頭上的交談傾向於表面化，但當你不講話的時
候，你們之間更深層的交流會被激起，而你的心會變得非常
地敏銳細微。保持靜默，將打開你的直觀。僅只是在這裡安
止五天而沒有說話，已經是深具意義了。那是爲什麼我們不
交談的原因。

當你參與一個浮面的對話，內容是基於過往的興趣時，
你的眞實感覺是被掩蓋了的。因此，爲了打開本性，並且從
心底感受某些事物，保持靜默是有必要的。以這種修習，你
將會對教法有更直觀的理解。「禁語」不是說要變成聾子，
冥頑不靈，而是要傾聽你的直覺。

閱讀也是如此。當你對所閱讀的事物感到興味，你的直
覺並不是在於開放的狀態。那就是爲什麼我們在接心時不閱

讀書籍之故。這並非是要將自己限制於黑暗中，但經由不閱讀，你將激發出直觀。

即是在參公案，言談或閱讀也是不必要的。特別對初學者而言，維持禁語或不讀報紙，也許十分困難。你或者覺得相當無聊（聽眾笑），但是你應該持續修行。在接心中，一切事務都被資深的同修所照管著，他們會幫助新進的學子們深入修道。

只管打坐，看看什麼事會發生。依據所受的指導，盡力維持正確的禪坐姿勢，並遵循戒律。遵守戒律使你能找到自己。這些規則讓你知道，這是什麼時候，何時該進食，如何行進等。如果沒有規章可循，沒有人照顧你，是很難修行的，所以規章準則是極佳的幫助。那比坐在一間屋子的角落裡整整五天，沒有紀律，也不做任何事，來得好多了。戒律不是來約束制止你的，而是來支持你的修行的。

有許多種不同的修行方式：隨息、數息或參公案。這回我推薦隨息法。當你覺得跟隨著呼吸的出入變得有些困難時，數息法便會有所助益；然後你將明確了知自己正在做什麼。倘若你忘失了修行，你便能夠馬上察覺到。

在你隨息的時候，不要太努力去減緩你的出入息，或將出入息變得深沉，或任何那般的嘗試。如果你只是跟隨你的

呼吸，自然而然地，即便不去調整它，呼吸也會恰如其分地適合於你的修行。

各種不同的指示將會傳授給你，以協助你的修行。我們不是給予指導來強迫你做特別的修習；那不是說，你應該做此，或不應該做彼。你也許得到各式各樣的教導，但修持仍然在你。

非常感謝各位。

自己找出答案

「不論什麼事發生，不論你認為那是好的或壞的，密切地研究它，看你能發現什麼。這是基本的態度。有時候你會做一些事情，卻沒有特殊的原因，就像是一個孩子在塗鴉繪圖，不管它們是好或壞。如果那對你而言是困難的，代表你並沒有真實地準備好來修習坐禪呢！」

在你的坐禪或生活中，總會有許多的困難或問題。當你有了問題，應自己試著找一找為什麼會有問題。通常你會儘快地、儘可能地好好解決你的困難。與其自己研究這難題，你寧可詢問別人的看法意見。那種途徑也許可以在一般的生活上行得通，但如果你要習禪，是不會有所助益的。

在某人告訴你某事、而你也以為自己了解的那一刹那，你將開始執著它，也將喪失你本性的完整功能。當你尋找某事物時，你的真實本性則在完完全全地運作著，就好像你在黑暗之中尋覓、覺察你的枕頭在哪裡。如果你早知道枕頭在何處，你的心便不是在完全地作用著，而是以有限的感官覺知在運作。若當你不知枕頭在哪裡而去尋找時，你的心是對一切事物開放的。用這種方式，你會對事物有更為敏銳細微

的態度，也將見事物之本然。

如果你要研究某事，最好不預知答案是什麼。因為你對別人告訴你的答案不滿足，而且你也不能倚賴他人所設定的任何架構，你研習佛教，但實在不知道怎樣來研習佛教。以這樣的途徑，你將自己找出所謂「佛性」、「修行」或「開悟」的真正意義。

既然你在尋求解脫，嘗試著各式各樣的方法，理所當然地，有時會發現自己在浪費時間。如果有位禪師喜喝日本清酒，你也許會想，開悟的最佳道徑是喝日本清酒。但是，即便是你喝下了多罈的清酒，就像禪師所做的一般，你卻不會得悟。看來你像是浪費了光陰，然而那樣的態度則是重要的。假若你能夠繼續像這般地去尋找答案，在理解事物上，你會得到更多的力量。不管你做什麼，並不至於浪費自己的時光。

當你以局限的觀點來從事某事，或抱著某種確定的目標，你所得到的將是某些特定的、實體的事物。這會掩蓋你的內在本性。所以，重點並不在於你研究什麼，而在於明見事物的本然實相，並且接受。

你們之中有些人只有在喜歡某些事物時，會去研究；

如果不喜歡，就忽略它。這是自私的方式，同時也限制住你研習的潛力。好的或壞的，微小或龐大，我們探就它，因此發現為什麼有些事物如此巨大，有些卻如此渺小；為什麼某些事是好的，某些事則不怎麼好。如果只去發掘那些好的事情，你會錯過一些事物，而你會一直限制住自己的心智機能。當你居住於一個有限的世界，你無法接受事物的本然面目。

即使一位禪師只有兩、三個徒弟，他也不會鉅細靡遺地告訴他們有關修行之道。唯一向他研習的方法，是與他一起進食，和他交談，同他做每一件事。你協助他，而沒有任何人告訴你該怎麼協助他。多半他看起來不太高興滿意；沒有特別顯著的理由，他總是斥責你，因為你不明白原因，你不會太歡喜，他也不太歡喜。若你真正想向他學習，你會仔細研究怎樣使他滿意，怎樣使你從學於他的日子歡歡喜喜。

你也許會說這般的修行方式是老式的。或許的確如此，但我想，在西方文明中，你們也有這種形式的生活，雖然不完全像我們在日本所做的。為什麼人們向師父參學時會有很大的困難，是因為並無有一個特定的模式讓我們依循。我們每個人都不同於他人，所以我們得有自己的方式，而且，根

據情況，我們應該改變我們的方式。你不能執著於任何事。唯一的做法，是在嶄新的情況下，發現合適的方法。

例如，每天早晨做清潔打掃的工作。我們沒有足夠的抹布或掃把，所以很難去參與。在這種情況下，找出某事是我們可以做的，仍然是可能的。我從不申斥你太多，但如果我是一個嚴格的禪師，我將對你感到相當生氣，因為你輕易就放棄了：「喔，不，沒有足夠的清潔工具」或「沒有什麼是我可以做的。」你傾向於這麼想，輕而易舉地就放棄。若是這樣的情形，請努力嘗試找出修行之道。假如你困倦想睡，你或許以為，「最好休息一下。」是的，有時休息一下是好的，但同時，那或許也正是修行的一個大好時機。

當我在永平寺協助我的師父(1)處理寺務時，他從未告訴我們任何事。但每當我們犯錯的時候，他便斥責我們。通常打開紙隔扇門的方式是拉開右扇，但是當我那麼做，卻挨了師父的罵：「別從那邊拉開門，不是那一邊！」於是，第二天早上，我拉開左扇門，但又再度被罵了。我不知道該怎麼

譯註 5

鈴木禪師的師父，此指永平寺的岸澤惟安禪師（Kishizawa Ian Roshi，1865-1955），是近代日本最卓著的曹洞禪師之一，他是鈴木禪師多位老師中的一位，畢生傾服道元禪師，專研《正法眼藏》，著有《正法眼藏全講》、《葛藤集》等。

做才好。後來我才發現，我打開右扇門的那一天，師父的客人剛好坐在右邊，所以我應該拉開左邊那一扇門。在我開門前，應該小心留意，察覺師父的客人是坐在哪一邊才是。

有天我被指定去服侍他，我給他倒了一杯茶。一般的情況是，你約倒滿杯子百分之八十左右的茶水。既然那是約定成俗的通則，我給他倒了百分之八十或百分之七十的茶水，然而他說：「給我熱茶。用勁道很強、很燙的茶水，倒滿整個杯子。」於是第二天，當他有幾位客人在場，我給每個人倒了滿滿的滾燙濃茶，幾乎百分之九十九的滿，然後呈給他們。我又被罵了一頓！實際上，沒有法則可循。我的師父喜歡熱的、濃苦的茶，並倒滿杯緣；可是大多數賓客並不喜歡滾燙的苦茶。對師父，我應侍奉苦茶、熱茶；對客人，我應以一般的方式奉茶。

我的師父從來不說明任何事。清晨時，當我比打板聲早二十分鐘起身，我挨罵了：「不要那麼早起床！你干擾了我的睡眠！」常常若我早點起床，是件好事，但對他而言卻不見得。當你努力嘗試著要多理解一些事情，沒有任何的規範或成見，這是無我的真義。你也許說某事是一條「規定」，但是「規定」本身已經是一個自私的觀點。事實上無有規則

可遵照，所以當你說「這是教條規章」，便是在硬生生地強逼某事，施行於他人身上。

　　只有當我們缺乏時間，或者當我們無法更親切地幫助他人時，規則才是必要的。光說「這是規定，所以你應該遵守」是很簡單，但是，真的說來，那並非我們之道。對初學者而言，或許指示是必須的，然而對於較為資深的學子而言，我們不給予太多指導，讓他們嘗試各種不同的方法。如果可能的話，我們一對一地給予每個人教授。但很難這麼做，所以我們有對一組人的教導，或是一場像這樣的演講。但不要執著於演講本身；你們可以想想我所說的，究竟指的是什麼。

　　我覺得很抱歉不能幫助你多少，但研習真正的禪並不是口頭文章，只要敞開自己，放下一切。不論什麼事發生，不論你認為那是好的或壞的，密切地研究它，看你能發現什麼。這是基本的態度。有時候你會做一些事情，卻沒有特殊的原因，就像是一個孩子在塗鴉繪圖，不管它們是好或壞。如果那對你而言是困難的，代表你並沒有真正準備好來修習坐禪呢！

　　這就是所謂的「臣服」，即使你並無有一物可屈服。不因執著某一規章或理解而失去你自己，你繼續不斷地一刻接

著一刻地尋找自己。這是你唯一應做的事。

非常感謝各位。

對己慈悲

「我們所著重的是暖熱的心，溫暖的坐禪。在我們的修行中
所感受到的溫暖感覺，換句話說，即是開悟，或佛心。」

　　我要你們有真正修行的實際感受。因為雖然我從非常年
輕時便開始修行，我並不真確明白修行是什麼。有時候，我
被永平寺的修行和其他禪院的修行氛圍所深深觸及，當我遇
見偉大的禪師或聆聽他們的開示時，頗受感動。但是去了解
那些體驗，則是非常困難的。

　　我們的目標，是要在修行的每一刻中，有完整的經驗或
完滿的感覺。我們所教的，是開悟和修行為一體；但我過去
的修行，則是所謂的「階梯禪」：「我現在懂這許多，明年
呢？」我想著：「我會理解更多一點。」那種修行沒什麼意
思 ──我從未覺得滿足。如果嘗試這種階梯般的修行，也許
你也將體會到那是一個錯誤。

　　如果我們的修行缺乏某種溫暖、強大的滿足感，那不是
真的修行。即使你端坐，努力保持正確的姿勢，數著呼吸，
那仍然可能是沒有生命的坐禪，因為你只是在信奉、跟從著
教導；你對自己不夠慈悲。你以為如果亦步亦趨地追隨某位

師父的指示，就會有良好的坐禪，但是種種教示的目的，是去鼓勵你對己仁慈。不要以數息來避開你的妄想心，而是要盡力好好地照顧你的出入息。

假如你對自己的呼吸很親切慈悲，一個呼吸接著另一個，你會在坐禪中生起一種清新、溫暖的感受。當你對身體和出入息有一種溫暖的感覺時，便能夠關照你的修行，你將全然地心滿意足。如你能對自己非常仁慈，自然地，你將感到如此。

一個母親會照顧她的孩子，雖然她或許不知道怎樣使自己的寶貝幸福快樂。同樣地，當你照顧著你的姿勢和呼吸，會有一種溫暖的感覺。若你在一己的修持裡抱持溫暖的感覺，那即是佛陀大悲的最好例證。不論你是一位出家眾或是一位在家眾，這修行將延伸到每天的生活。當你對自己所從事的一切作最大程度的關切照顧時，會覺得挺好的。

洞山良价禪師(2)證悟過許多次。有一回，當他越過一條河渠，看見自己映照在水中的倒影，因而寫下一首詩偈：「別去試著揣度你是誰。如果你試著揣度你是誰，你所理解的，將與你相隔甚遠。你所有的，只是一個自我的形象。」(3)事實上，你正是那河水。你或許說，那不過是自我的一個影子或一個反射，但是，若你用一顆溫柔暖熱的心仔細去

看，那也就是你自身。

你也許以為自己有一顆暖熱的心，但當你試圖去理解它有多暖，你無法實際衡量。然而，當你以一種溫暖的感覺從鏡子中或水中凝視自己，那就是真實的你。而且不管你做什麼，你即在當處。

當你用暖熱心腸的感覺來從事某事，文殊師利菩薩──智慧的菩薩就在那裡，而真實的你亦在那裡。你不必納悶文殊師利菩薩究竟在何處，或是他在做什麼。每當你用溫暖的心來從事事情，那便是實際的修行。這也就是如何關照事物，以及與人交流溝通的方法。

你們有些人是僧人，有些則不是，而每個人都將自行其道。有些人未結婚，有些人結過婚了，也都有各自的方式將

譯註 2

洞山良价（807-869，日音 Tozan Ryokai），唐代曹洞宗之祖，越州會稽（浙江會稽）人。於靈默禪師披剃。曾訪溈山靈祐禪師，參「無情說法」公案，不契。受指示往詣雲巖曇晟禪師。辭歸時，涉水睹影大悟。於江西洞山弘揚佛法，門風頗振。其嗣法弟子有雲居道膺、曹山本寂、龍牙居遁等二十餘人。尤以本寂的法系，稱作曹山，合稱之，即為曹洞宗。著有《寶鏡三昧歌》、《玄中銘》、《洞山語錄》等。參《佛光教科書》第十二冊。

譯註 3

參《景德傳燈錄》卷十五：「（洞山）又問雲巖。和尚百年後忽有人問還貌得師真不。如何祇對。雲巖。但向伊道即遮箇是。師良久。雲巖曰。承當遮箇事大須審細。師猶涉疑。後因過水睹影大悟前旨。因有一偈曰：『切忌從他覓，迢迢與我疏，我今獨自往，處處得逢渠。渠今正是我，我今不是渠，應須恁麼會，方得契如如。』」

修行延展到日常生活中。雖然我們的情境不同，修持則相同，都要親睹文殊師利菩薩。即使他只是一身，他在每一處，與每個人、每件事同在。不論你做什麼，不論你的修行是什麼，文殊師利菩薩就在那裡。祕訣是，不要忘卻佛陀真正的恩慈，他關照顧念萬事萬物。如果我們失落了這一要點，不管從事什麼，將無甚意義。

我們所著重的是暖熱的心，溫暖的坐禪。在我們的修行中，所感受到的溫暖感覺，換句話說，即是開悟，或佛的慈悲，佛心。那並不只是數息或隨息而已。如果數息法顯得冗長沉悶，也許最好用隨息法。重點是，在吸氣和呼氣的時候，照顧每一氣息，如同母親照顧她的寶寶。若寶寶微笑了，媽媽也跟著微笑；若寶寶哭了，媽媽便擔心。那種親密的關連，與你的修行合為一體，即是著重之點。我所談的並不是什麼新的教導，只是老調重彈罷了。

我們寺院的戒律規章基於仁慈、暖熱心腸，不在於約束你的自由，而是給予你自由，讓你以自己的方式去行動。追隨字面上的規則並不重要；事實上，假如你偶爾違背了戒律，我們知道你有哪些問題，而你的老師不會對你批評挑剔，他或許可以更確切地幫助你。如此這般，便能改進你的行持，使你對欲望，以及每天的生活有更好的掌握，然後你

能夠自一切事物中得大解脫。對僧眾或在家眾，這都是我們
修行的目的。

　　請好好照顧你的修行，對自己要非常慈悲。

　　非常感謝各位。

尊敬萬物

「我們只想爲自己而利用萬物，而不是去尊敬萬物。如果它們難以利用的話，我們便想征服它們。」

在坐禪修行中，我們將自己的妄念心停頓下來，並且離於我們的情緒活動。我們不說沒有情緒的活動，但我們能「離於」情緒活動；我們也不說沒有念頭思想，但是我們的生命活動不會被一己的妄想心給限制。簡而言之，我們可以說，我們完完全全地信任自己，在好與壞、對和錯之間，無有心念、感覺、辨別心。因爲我們尊敬自己，因爲我們相信生命，所以我們打坐。那是我們的修行。

當我們的生命是基於尊敬和完全的信任時，會是全然地安祥寧靜。我們與自然的關係也應如是。我們應該尊敬萬物，我們可用自己與一切事物發生關連的方式來修習如何尊敬它們。

今天早上，我們在禪堂中禮拜的時候，聽到從頭頂上傳來很大的噪音，因爲在樓上的飯廳裡，有人推著椅子走過瓷磚的地板，而沒有把椅子拿起來。這不是善待椅子之道，那不僅僅會打攪樓下頂禮的信徒僧眾，也因爲基本上這並非尊

敬事物的方式。

推著椅子走過樓面雖然方便，但那會給我們一種懶惰的感覺。當然這種懶惰是我們文化的一部分，而且最終，它將使我們在彼此之間爭鬥不休。我們只想為自己而利用萬物，而不是去尊敬萬物。如果它們難以利用的話，我們便想征服它們。此種觀念和修行的精神並不一致。

同此，我的師父岸澤惟安（Kishizawa Ian）從不允許我們一次挪動一片以上的雨戶（amado）。你們知道什麼是「雨戶」嗎？它們是紙障子（shoji）門外的木板套窗門，是暴風雨時用來保護紙門的，通常在建築物的盡頭有一個大箱子貯藏這些套板。既然它們是可以滑動的，一個僧人能夠輕易地推著五、六扇門，而另一個僧人可以等著，然後把它們放進箱子裡。但是我的師父不喜歡這樣，他告訴我們要一片一片地挪動它們。所以我們只能推著每一單片板子，再把它放進箱中，一次一片地來做。

當我們小心翼翼地、一個一個地搬動椅子而不製造出巨大的噪音，屆時，我們將會在飯廳裡有一種正在修行的感受。當然，我們不至於發出太多聲響，但同時那感覺也是相當不同的。當我們如此修行時，我們自身就是佛，並且我們也尊敬自己。對椅子留心，表示我們的修持已超越了禪堂。

　　如果以爲有了莊嚴華麗的殿堂，會使得修行更加容易，那就是一個錯誤。其實在這樣堂皇的裝潢之下，也許很難以一副堅強的精神去修行——而在這裡，我們有一尊端嚴的佛像，還供奉美麗的花朵來裝飾佛堂。禪佛教徒相傳一句諺語說，從一刃葉片，我們能變生出一座十六呎高的金佛；那才是我們的精神，所以我們需要修習尊敬萬事萬物。

　　我不是說應該聚集許多的樹葉或草葉，用以製造一個大佛像，但是，直到我們能從一小片葉子裡見到一尊大佛之前，我們需要做更多、更大的努力。我不知道那需要多大的努力。對某些人而言或許非常簡單，可是對像我一般的人來說，極大程度的精進則是必要的。雖然從一尊龐大的金佛看到一尊龐大的金佛比較容易些，但當你從一片葉尖裡見到一座大佛，你的喜悅將是一種非常特別的喜悅，因此我們須以極大的努力來修尊敬。

　　在這禪堂中，每個人都可以進門來修持我們的方式，這包括有經驗的修行者，和那些對禪完全一無所知的人。兩者都有其個別的困難。新的學子有一些他們從未想像過的困難；老手則有雙重的責任，一是作他們自己的修持，二是鼓勵那些新進的行者。老手不必告訴新來者：「你應該做這個」或「你不應該做那個」，老學生應去引導新的學子，讓他們

能夠較為輕易地入手修習我們之道。

　　即使新進的學生不明白佛教是什麼，當他們跨進美麗嚴飾的佛堂時，自然而然地會生起一種良好的感覺。那是佛國淨土的裝飾。然而，特別是對修禪者來說，真正的佛殿裝飾，是其中修行的人們。我們每個人都應是一朵優美的花，每個人都應是佛，引導眾生修行我們的道徑；不管我們做什麼，我們考慮該如何去從事此道。既然並沒有如何對待事物或與人相處的特別規章，我們不斷地去探究，怎樣能好好幫助大眾一起共同修行。假如你不忘記這一點，你會發現待人處事之道、接物之道，以及對待自己之道。

　　這即是我們所謂的菩薩道。我們的修行是去幫助眾生；為幫助眾生，我們發覺如何在每一刻修行我們之道。當我們入坐時，停息思想妄念，離於情緒的種種活動，這不只是專注而已，這是完全地信任自己——在我們的修持裡，找到絕對而確定的皈依。我們就像是一個坐在母親膝上的小寶寶那樣擁有完全的依靠。

　　我想，在這禪堂裡，我們都具備了極佳的精神。我對這種精神相當驚喜讚嘆，但是下一個問題是，怎樣能延展這一精神到你每天的生活之中。你可以用尊敬萬物與尊敬彼此來達成；因為當我們尊敬萬物時，我們將發現它們真實的生命

——花朵的力量和美麗。

雖然「愛」是重要的，但如果愛和敬意、誠摯分開的話，是不會有作用的。以一個廣大的心量，以及純粹的眞摯和尊敬，「愛」才能是眞正的愛。所以，讓我們竭心盡力，找出如何能使一片葉尖成爲一座大佛的方法。

非常感謝各位。

謹持戒律

「當你並沒有要去遵守戒律卻遵守戒律時，那便是真的在持戒。」

在完全的蓮花坐姿裡，我們盤起右腳，放在左腳之上，再把左腳放在右腳之上。象徵性地來說，右側意指活動、行動，左側剛好相反，所指的是心的平和寧靜。如果左側是智慧，右側便是修行；而當我們雙腿交叉時，我們不知那是左腳還是右腳。所以雖然我們有兩腳，就象徵性而言，我們有的是「一體」。我們的姿勢端正垂直，不傾向右邊或左邊、後面或前面。這是對佛法超越二元對立之完美理解的表現。

當我們延伸這一要點，很自然地，我們就有戒律，同時也是在研習著如何遵守戒律之道。坐禪的姿勢並不只是一個訓練而已，而是一種實際將佛之所教運用到自己身上的方式。言語文字本身不足以實現佛陀的教示；經由行動，或經由人與人之間的關係，佛陀的教授方能被實踐。

除了戒律以外，我們還有師父與徒弟之間的關係。徒弟一定得選擇明師，而師父將會接受徒弟，雖然某些時候，師

父也許要推薦另一位合適的師父。在老師之間，不應該有任何的衝突，所以如果一個師父認為別的老師比他更具資格，他或許會把他或她推介給他的學生。

　　一旦你成為一名徒弟，虔誠奉獻你自己，研究修行之道。一開始，作為一個弟子，你也許想追隨一位老師來修行，卻不是因為你想要研究佛法，而是因為某些其他的原因。但是，你知道，這沒有什麼大不了的。如果你對你的師父完全地虔敬，你終將領會。你會成為師父的弟子，而且你能傳承我們之道。這一師父與徒弟的關係極其重要，在此同時，要作一名真真實實的師父和徒弟，其實相當困難，所以兩者都要盡最大的努力。

　　師父和徒弟一起在各種不同的儀式中共修。儀式不僅僅是種練習而已，經由儀式，我們真正地溝通和傳達佛法。我們把重點放在「無我」之上。當我們共修時，忘卻一己小我的修行；這是個人的修行沒錯，然而，也是眾人的修行。例如說，當我們修習唱誦的時候，我們會說：「以你的耳朵來誦經。」我們用耳傾聽他人的誦經之聲，用我們的嘴來作個人的修行，於是我們擁有全然無我的真義。

　　無我，不是要你放棄自己個別的修行。真的無我早已忘

記了無我。只要你相信，「我的修行是無我！」那表示你正執著於自我，因爲你仍然對「放棄自我中心的修持」有所執著。當你自己修行、亦與他人共修時，眞實的無我方能出現。那種無我不只是無我，它包含了「有我」的修習，同時，也是超越自我或無我的那種無我之修行。你明白這意思嗎？

對於持戒而言，這也是通用的。如果你盡很大的力氣去持戒，那不是眞正的持戒；當你並沒有要去遵守戒律卻遵守戒律時，那便是眞的在持戒。我們最內裡深奧的本性，會幫助我們。若我們能理解到戒律是我們內在深邃本性的表現，那便是「道」之本然。然後，將無有戒律。當我們在表達最深奧的本性，根本沒有戒律的必要，所以我們不是在持守任何戒條。就另一方面而言，我們亦有相對的本性存在，所以我們想要謹持戒律。我們感覺到持戒的必要性可以幫助我們。而當我們能夠從這負面的或有禁制意味的角度來理解戒律時，那也正是我們眞性燦然盛開之際。因此我們有如何守戒的選擇性：負面性和正面性的。再者，當我們覺得無法持守所有的戒律時，我們可以選擇那些自己覺得有把握的來遵循。

　　戒律不是由某人所設下的規條。既然生命是我們真實本性的展露，如果這展現出了點問題，佛陀就會說：那不當如此；然後，便有了戒律的出現。實際的事件或事實首先發生，而非戒律制定在先。所以戒律的性質是，我們有機會來選擇我們的戒律。如果你這麼做，你會有這些戒律；如果你那麼做，你會遭逢其他的戒律。不管你怎麼做，完全取決於你。首先，你應該仰賴你的師父，這是最佳的方式，而且你從遵循那些有禁制意味的戒律開始入手。當你對我們之道越來越熟悉的時候，你會更為正面性地來持戒。

　　一位老師如何指正學生的錯誤，是非常重要的。如果作為老師，認為徒弟的作為只是個錯誤，他不是真的師父。沒錯，徒弟所做的也許是錯的，但就另一方面來說，錯誤也是徒弟真實本性的展現。當我們理解到此，我們能尊敬學子的真實本性，而且在指點錯處的時候，我們將會非常小心。

　　佛經中載有怎樣細心周到地指正弟子之道，共有五點。其一是，師父要選擇恰當的時機，而不是當著眾人的面莽然指責徒弟所犯之錯。若是可能的話，師父應在一個合適的時間和場所下，親身告訴學人他所犯的過錯是什麼。第二點是，老師應該銘記要做到真確實在。這是說，老師指出學生

的錯誤,不僅僅是因為他認為學生有錯;當老師明白了為什麼徒弟會這樣做的原因,然後他才能真確實在。

第三個要點是,作老師的要柔和平靜,以較低的語調對徒弟說話,而不是狂聲叫嚷。這也是很微妙敏感的一點,如同上述的真確實在;但此處,經文所強調的是以一種平靜、委婉的態度來陳述某人的錯處。

第四點是,老師給予學生忠告或明示其錯處,只是為了幫助他,而不是要宣洩胸中待發之怒氣。這裡,老師要非常留神,注意到學生是否在為自己的行為找藉口,或者他並不那麼嚴肅認真。若是如此,老師應該不理會他,直到他轉變得較為認真向道。即使我們是為了要幫助學子而給他們種種勸告,這並不表示總是讓他們事事輕鬆容易。有時我們應該對學生非常嚴格,不然,我們不能真正地幫助他們。

最後一點是,以慈悲指出學生的錯處。這是說,老師不僅是老師,同時還是弟子的朋友。用一個朋友的身分,老師指點出弟子的一些問題,或給予忠告。

所以,不論作一個師父或弟子,都不是一件容易的事,而我們也不能依賴任何規準,甚至連戒律亦不可倚賴。我們要盡最大的努力來幫助彼此修行。而且,我們不是為了戒律

的緣故來遵守戒律，或者爲了儀式的完美來修習儀軌；我們
是在研修如何表達我們的眞實本性。

非常感謝各位。

純淨之絲，銳利之鐵

「我們凍絲的方式，是把絲淘洗許許多多次，直到纖維變得
夠潔白、柔軟、易於編織。我們煉鐵，是趁它熾熱的時候再
三搥打——不是爲了去錘煉、塑型，而是要使它更爲堅強。」

上星期，一個主日學校的孩童看見我坐禪，她說：「我
也可以做這個。」於是她盤起雙腿，然後說：「再來呢？再
來呢？」我對她的問題頗感興趣，因爲你們許多人亦有同樣
的提問。你們每天前來禪中心打坐，而且問我說：「再來
呢？現在要做什麼呢？」

我不認爲我能完全地解答這個問題。這不是一個可以被
答覆的問題，你應該自己去尋求答案。我們以正確的禪坐姿
勢打坐，所以能夠經由身體來體驗某些事物，並非從我的教
授，而是從你的親身修行而有所體驗。然而，能以某一姿勢
禪坐，並達成某一種心靈境界，其實不是完美的修習。在你
對自己的心靈和身體有完整的體驗之後，也將能用其他的途
徑去表達它。

不需執著於一種正式的禪坐姿態，你自自然然地會以各
種方式將你的心態傳達給他人。不論是坐在椅子、站立、工

作或言談，你都擁有同樣的心境。在你的心靈狀態中，你不黏著於任何事；這是我們修行的目的。

昨天，我有一位日本訪客談到日本文學的事。自西元六○○或七○○年左右，日本人開始研究中國文字和中國文化，並且在使用中國文字一段時間之後，建立自己的文字書寫系統。在（美國）這裡的修行，相同的情況也會發生。在日本政府停止遣送留學僧到中國研習文化一百年後，日本衍生了絕妙精緻的文化。特別是在藤原氏時代，日本本土發展了華美的文學和書法；其中有極大的自由度。藝術家和學者們研究藝術、哲學與宗教，他們嘗試了各式各樣的專業研修，而且還有極好的老師傳授各法門。

接著藤原時代之後的那段時期就沒有那麼輝煌了。根據我的客人所述，某些後來的日本法書太過正規，而且大大展示了藝術家「自大的自我」，我們不能在他們的書法裡得見任何個性。在藝術作品中，我們所見到的藝術家的個性，應是經過訓練陶冶的，而且沒有太多的自我顯現。我想你們能夠明白個性和自我間的不同之處。「自我」是掩蓋你優美個性的事物。每個人都有其特質，但是如果不訓練自己，你的特質會被自我所覆蓋。你不能欣賞自己的個性。

經過長時間的修行和訓練，我們終能去除自我。在日文

裡，有一個表達這種訓練的字眼是「湅」（neru）。「湅」是我們如何湅絲的方式：把絲淘洗許許多多次，直到纖維變得夠潔白、柔軟、易於編織。我們煉鐵，也利用鐵的這種性質。我們趁它熾熱的時候再三搥打——不是為了去錘鍊、塑型，而是要使它更為堅強。等到鐵塊冷卻了再搥打它，是不會有作用的；訓練之理亦同。當你年輕的時候，你有很多的自我及強烈的欲望，經過修行訓練，你磨損和洗淨自我，你變得相當柔軟，像是純淨的白色絲綢。即使你有很強的渴欲，如果你深深錘鍊它們，你會成為強固銳利的鐵器，有如一把日本刀。這是我們得以訓練自己的方式。

這不該是我用嘴來談的事，應該是我以每天的行為舉措來向你們展現的事；可是那可不大妙，我很擔心你們只會學到我的短處。我們須知為什麼要修習坐禪的原因，而且必須能夠分辨什麼是真正的好，以及什麼只是「看起來好」。這當中有很大的相異之處。

除非你經過嚴格的修習來訓練自己，你不會有明眼得見，也不會有感覺去欣賞真正美好的事物。只有當眾人有眼辨識、有感於某物的美質時，才會有良好的老師和學生。這是彼此間相互的修行。佛陀是偉大的，因為當時的人們是優異的。當人們沒有準備好的時候，那裡不會有佛陀的出現。

我不期望你們每個人都成爲了不起的老師，但是我們必須有明亮的眼光去看到什麼是好的、什麼不太好。這種心境，可經由修行習得。

即便是在藤原時代，中國文化和書法的成就遠超過日本。中國人有各種的毛筆，比起日本人來，中國人使用毛筆的機會較多。日本人只有少量的質材來製造毛筆；我們雖產不少的竹子，但是只有少許的羊毛或動物可用來製筆，所以日本人在書法上的訓練比中國人更爲有限。但是，即使在日本人完全精擅於中國書法藝術之前，他們已經開始了一種風格非常獨特的日本法書，我覺得這是很有意味的。

歷史上，佛教徒向來對這點極爲地誠摯，那是爲什麼有「法」傳承的原因。中國的大師特別強調傳承。在你能自師父之道中解脫以前，完全地精擅它是必要的。那是非常艱辛的修持，也是爲什麼要花很長一段歲月才能成爲一位禪師的原因。這不是就知識而言，亦非指某些神奇的力量；重點是，是否此人受到足夠的訓練，像是一匹純淨的白絲和極爲銳利的堅鐵。到那個時候，無須努力嘗試做任何事，你能夠眞實地表達你的個性。如果從某人的作品中我們無法看見一點眞實的個性，那是說他還沒有消除他的自我習性。

　　我自己的習性呢，是漫不經心、粗心大意。我天生就十分健忘。雖然十三歲開始從學於我的師父時，就已經開始面對這個毛病了，至今還是沒有改進多少。不是因為年老才健忘，是我的性格使然。但因為多年來面對它、處理它，我發現能夠去除自己處事時自私的方式。如果修行和訓練的目的只是為了要改正你的短處，我以為那幾乎是不可能達成的。即使如此，改進它們仍屬必要，因為當你這麼做的時候，你的特質會受到冶煉，而你將從「自我」當中解脫自在。

　　人們總說我極富耐心，但事實上我有不耐煩的特質。我的本性全然不具耐性。我不再想要去改正它了，但我不認為過去的努力是白費的，因為如此，我研修了許多事情。為了矯正我的習性，我必須非常地有耐心，而且在人們批評我的健忘毛病時，我也得非常地有耐心。「喔，他是這麼地善忘，我們真不能信賴他。對他，我們該怎麼辦呢？」

　　我的師父曾經每天喝斥我：「這個健忘的孩子！」然而我只想繼續跟從他修學，我不願意離他而去，不管他說什麼，我都能忍耐承受。所以我想，這也就是為什麼我可以對他人的批評深具耐性的緣故。不論他們怎麼說，我不大在乎；對他們，我也不太生氣。若你能了解以這種方式訓練自

己有多重要，我想你將明白佛教是什麼。這便是我們修行中
最為重要的一點。

非常感謝各位。

第四部

並非總如是

「這就是佛所教示的祕密。也許是如此,但不總是如此。不被文字或規則所拘束纏縛,也沒有許多預設的成見,我們真實地做一些事情;而且經由實際從事某些事,應用了我們的法教。」

並非總如是

「真正的自由，是當穿著這套麻煩的、正式的禪袍時，不覺得被侷限。同樣地，在我們繁忙的生活中，我們應該穿上這套『文明』的服裝，但不被其所干擾，也不予以輕忽，更不被掌握。」

　　佛經裡有一段著名的經文，解釋水不僅僅是水之理。對人類來說，水是水；對天界的眾生而言，水是珠寶；對魚類而言，水是它們的家；對地獄或餓鬼道的眾生，水是血，或者是火；如果他們想喝它，水將轉變成火焰，而他們將無法飲用。同樣的水，就各道眾生之眼看來，差別相當懸殊。

　　大多數人以為「水是水」是正確的理解，所以它不應是所謂的家屋或珠寶，血液或火焰。水應當就是水。但是道元禪師則說：「即使你說『水是水』，卻不是全然正確的。」

　　當我們修習坐禪，我們也許以為：「這即是正確的修行之道；我們定會獲得某些正確與完美的成就。」然而，如果你請示於道元禪師，他或許要說：「並不盡然。」這一點，倒是一個可以讓你好好參究的公案。

　　當我們說「水是水」時，是從物質的層面來領會事物。

我們說水是H_2O，但在某些狀況下，H_2O或者是冰或霧，也可能是蒸氣或人的身體。只有在一些情境下它才是水。為了方便起見，我們暫時稱水是水，然而我們應該認識水的真正性質——水不只是水。

當我喝水的時候，水是一切，整個世界皆為水。除了水之外，沒有一件事物存在。當我們能以這種理解和態度來喝水時，那是水沒有錯，但在同時，它不僅僅是水。

在我們修禪時，「只管打坐」，我們其實正涵容了一切。除你之外，別無其他；那是「只管打坐」。我們成為完整全然的自己。我們擁有所有的事物，完完全全地心滿意足。沒有什麼需要去成就、獲取，因此我們有一種感恩或喜悅的心境。

我想，我能明白為什麼你們習禪的原因。大部分人在尋求某些事物。你在尋找什麼是真正的、實在的，因為你們已聽聞了許多無法置信的事。你甚至不是在尋找美麗的事物，因為你早就發現，看起來美麗的事物不見得真的美麗，那只是事物的表象或一種裝飾。你也察覺人們有可能是偽善的；許多人看來似乎具有德行，但無法表達出真切的感恩或喜悅的心，所以你不信任他們。

　　你不曉得該相信誰，該信賴哪一個教法，所以你前來這裡尋找某些答案。你在追尋的事物，我不能給你，因為我自己並不相信任何特別的事。我不會說水是水，或水是珠寶、家屋，火焰或鮮血。正如道元禪師所述，水不只是水而已。我們總想要執著於正義、美麗、真理或道德，但是尋找那樣的事物並不明智；並不僅是如此而已，還有更多的。

　　我注意到你們都喜歡旅行，今天阿拉斯加，明天印度或西藏。你在尋覓什麼，不論是烈火、一顆寶珠或其他的種種，當你理解到並非總如是，你不會再相信這些事物，而你尋找真理的方式將有所改變。不然，你就會執著於某事上頭。

　　尋找像佛教一樣偉大的教法，是在尋求一些美好的事物，不管你找到的是什麼，你會像一個觀光客。即使你不是搭汽車旅行，但精神性修持上，你是在作觀光遊覽：「喔，多麼美好的教法。這是真實、真正的教示！」變成一個觀光客是修禪的一大危機之一。要小心了！被教法所誘惑，一點都沒有幫助。不要被事物所愚弄，不管它們看來美好或真實，那只是不能當真的兒戲。你應該相信佛、法、僧的真實意義。

　　真正的自由，是當穿著這套麻煩的、正式的禪袍時，不

覺得被侷限。同樣地，在我們繁忙的生活中，我們應該穿上這套「文明」的服裝，但不被其所干擾，也不予以輕忽，更不被掌握。不必到某一處，也不須逃離此地，我們能在這繁忙的生活裡找到沉著靜定。

道元禪師說，就好比是個船伕，雖然他被船所負載，但也同時在控制著船筏──這便是我們如何活在世界之道。即使你了解處世的道理要有如一位船伕，但那不表示你可以做得到；這是十分困難的，也是我們之所以要修習坐禪的原因。

昨天我說到：「不管你的腿如何地酸痛，你不該移動。」有些人也許從字面上來領會其意涵。我真正要說的是，你修習坐禪的決心應該是無所動搖的。如果腿太痛了，你可以改變姿勢，但心志應該如是堅定不移。而「應該」在這裡亦是個好例子；並不見得必得要這樣。

曹洞宗的祕密只是兩個字：「不必。」唔──在英文裡是三個字（Not always so）。在日文中，則是兩個字，「不必」。⑴這就是佛所教示的祕密。也許是如此，但不總是如此。不被文字或規則所拘束纏縛，也沒有許多預設的成見，我們真實地做一些事情，而且經由實際從事它們，我們應用了法教。

　　嚴格地執著某事是一種懶惰。在你從事難事以前，你想要了解它，所以被文字所捆綁。當你有足夠的勇氣不去妄評什麼是對、什麼是錯，而能接受周遭環境，此時，你所曾承受的教導將會有所幫助。但若你被教法給侷限住，你會有雙重的問題——你應該跟隨教法呢，還是按照自己的方式。這一問題的產生，是由於執著教法所致。所以，修行應是優先，然後運用教法。

　　我們修習坐禪，就如同某人正瀕臨死亡。沒有任何事可以仰賴，也沒有任何事可以依靠。因為你接近生命的終點，你不想要任何事，所以不會再被任何事所愚弄。

譯註 1
這裡，揣摩鈴木禪師之原意，是翻譯者的一個挑戰。從鈴木禪師的美國弟子間難以查對。經反覆研究切磋，我認為鈴木禪師所謂 Not always so 可有以下數種翻法：「不是」——引據處，見曹洞宗要典《從容錄》第六則《馬祖白黑》：「……黃蘗道。欲要直捷會。一切總不是。萬松道。端的委細會。一切無不是。」
《從容錄》第十六則《麻谷振錫》：「師云。此箇公案。全在是與不是處.∴.章敬道是。南泉道不是。叢林擾擾是非裡走作。若無把定乾坤眼。盡是髑髏前見鬼。」
第二十則《地藏親切》：「爾但是則總是。莫坐在是處。不是總不是。莫坐在不是處。兼通五位正偏。豈可死在句下。只這法眼悟處。也是偶爾成文。」
又，另外可能的翻法，則是禪宗常用的表達「不與麼」、「非是」，或「不爾」、「不然」。文意亦雅緻。
然根據舊金山曹洞宗奧村正博禪師，則以為可翻成「不必」——此是道元禪師之特殊語法，為拆解我們習慣性的概念理解之用語。見《正法眼藏》Shobogenzo Keiseisanshoku 「溪聲山色」：眼處聞聲 これ何必不必なり；Shobogenzo Kuge 「空華」：このゆえに不必なるを自というなり。從鈴木禪師對道元禪法的尊崇、及上下文之文意來看，故取「不必」。

　　大多數人不但被種種事物所愚弄，也被自己所愚弄，被自己的能力、美貌、自信或前途展望所愚弄。我們應該知道是否在愚弄自己。當你被其他事物所欺瞞時，傷害不是那麼巨大；但當你被自己所愚弄時，那是致命的傷害。

　　你也許對這種禪道的生活方式或屬世的生活有反抗心，然而，不要在抵抗心裡失落了。你明白嗎？如果你深深地捲入抵抗或奮戰，你會失去自己，你會喪失力量、朋友和父母。你會失落一切，你的自信、你眼裡明亮的光采。你不過是一個死去的身軀罷了！而沒有人會說：「喔，我真抱歉。」沒有人會這麼說的。在鏡中望著自己的臉，看看你是否活著，還是死了。即使你修習坐禪，但假如你不停止被事事物物所愚弄，那絕對幫不上什麼忙的。你了解嗎？

　　讓我們努力修行，趁我們仍然有一點點活著的時候。

　　非常感謝各位。

對實相的直接經驗

「當你以全副的身、心來探究某事時，會生出直接的經驗。
若你相信自己有些問題，表示你的修行還不夠好。假如你的
修行工夫夠好，那麼，不管你看見什麼，做什麼，都是對實
相的直接經驗。」

　　道元禪師曾經說過：「山岳與河川，大地和天空——每
一件事，都在鼓勵我們開悟。」同樣地，我開示的目的，是
鼓勵你去證得覺悟，對佛教具有真實的體驗。即使在研讀的
時候，你以為自己是在學習佛教，但卻可能只有知識性的理
解，而不是一個直接的經驗。

　　知識性的理解是必要的，但不會使你的學習完整。這不
是說忽略知識性的理解，或開悟與知識性的理解完全不同。
對事物真實、直接的體驗可以被智性化，而這種概念性的解
釋，能夠幫助你有直接的經驗。智性的理解與直接的經驗，
都是必需的，然而，了解它們的差異處卻非常重要。有時你
也許以為某事是個開悟的體驗，但其實只是知識性的、智性
的。這是為什麼你得有一位真正的老師，他知道兩者間的區
別。

　　所以，當我們研究佛法的時候，擁有堅定的信心是必要的，而且我們不但以心靈，也以我們的身體來研習佛法。如果你來這裡聽法，雖然你很想睡，不能夠真正聆聽，但你的出席聽講會帶給你一點開悟的經驗；那將是開悟的本身。

　　當你完全與活動合為一體時，直接的經驗便將發生；那時，你沒有「自我」的概念。這或許在你打坐的時候發生，但也可能在你求道的心變得足夠強壯，而能忘記自私的欲望時發生。若你相信自己有些問題，表示你的修行還不夠好。假如你的修行工夫夠好，那麼，不管你看見什麼，做什麼，都是對實相的直接經驗。這一要點要牢記。通常由於不知此點，我們總是涉入批評判斷之心，所以我們說：「這是對的，那是錯的」、「這是完美的」，以及「那不怎麼完美」。當我們真實修行時，這些評斷似乎顯得荒謬可笑。

　　有時候我們或許會說，對於佛教徒而言，沒有一件事是有問題的。不管你做什麼，你認為：「佛在做這事，不是我」或「佛要負責任，不是我。」但是如果你以這為藉口，則是誤解。我們說，「萬物皆具佛性」，是為了鼓勵你有一實際的經驗，不是要給你的懶散修行、或給你徒具形式的修行有些口實。

　　在中國，人們有時把東西扛在頭上，也許是一大罈的蜂蜜或水。有時候，有人不小心把頭頂扛的東西掉到地面，這固然是很大的錯誤，但如果你不回顧，也沒什麼。你只是繼續行走，即使頭頂上已經沒有蜂蜜或清水。如果你持續前行，那便不是錯誤。但是，假如你說：「喔！我失去了！我的天呀！」那就是一個錯誤了。那並非眞正的修行。

　　當一個技能高超的武術專家使用刀劍時，他應該可以從朋友的鼻子頂端斬下一隻蒼蠅，而不至於傷害朋友的鼻尖一分一毫。如果有一種「會割到鼻子」的恐懼感，那不是眞正的修行。當你在做某事的時候，應以一種強烈堅定的決心去做它！咻！（劍劃裂空氣的聲音）沒有是不是技術高超、是不是危險與否的知覺，你就這麼做它。當你以這樣的堅決心來從事某事，那是眞的修行，亦是眞的開悟。

　　這種堅定的決心，在成就生命上，超越「成功」或「不成功」，超越任何恐懼的感覺，你只是放手去做。這是眞的修行，並且是求道之心，超越好與壞、對與錯二元對立的觀念。你只管去做。

　　那也是我們如何修習四宏誓願(2)的方法。我們幫助眾生，因爲我們誓願如此，不是因爲以爲會獲得成功。眾生的

數量無邊無盡，所以我們不知道是不是能夠全然地利益一切眾生。然而，那倒是無所謂。只要我們在這裡，我們應持續幫助眾生的這一種修行。

我們對佛法的理解，沒有止盡。不論我們了解與否，我們繼續努力去悟解它。當我們以此堅毅的心態來研習佛法，我們會遭遇有價值的法教，那種罕見稀有的、千劫難逢的法教，這絕對的教義與其他一般的教示是難以相提並論的。

難以比擬的教授，並不表示它是最好的。如同道元禪師所說：「我們不應以比較的心態來討論教法的意義，而是強調如何去修行。」我們把研習的注意力放在如何接受教導，和如何遵循教導而生活。不論我們的教法是深奧的或高遠的，那不是重點，重點是，發展我們參究的態度。這是禪的特質，也是真正佛教的特質。與其架設起一個佛教體系，我們強調真實的修行。

所有我們的戒律，只是使得修行更為容易，不是要使門檻變得更為狹隘，而是對每個人打開我們的大門。我們知道修行是如何的困難，所以有一些戒律的設置來幫助你

譯註 2
四宏誓願: 眾生無邊誓願度，煩惱無盡誓願斷；法門無量誓願學，佛道無上誓願成。

修行。如果沒有一根柱子讓你攀爬，你將很難體會到有朝一日從柱子頂端跳下來的經驗。假如小寶寶沒有玩具可以玩，他將很難有一個身為人類的真切經驗。我們的戒律就像是一種玩具，有助於我們體驗怎樣來做一名佛教徒。這不是說玩具一定必要，但當你年幼的時候，它是必要的。

因此，不需要一直執著於戒律。最要緊的是延展你生命的方式，使之更深、更廣。當你準備好去欣賞各種事物，擁有一個美麗的瓷碗就不是那麼必需了。不管如何，事物總是在鼓勵你修行。如果你能真正地享受生命，即使身體受到損傷，也不妨事；即使死去，亦沒有問題。當你被每一件事物所鼓舞激勵著，而且了解到每一件事物總是在協助你，那麼，死去了，或活著，無所差別。沒有問題，完全沒有問題。那便是徹徹底底的捨離。

你的修行將會有足夠的活力朝氣，讓你能繼續不斷地修持下去，不論生或死。以此途徑，開悟是可以被解釋的。怎樣以這種方式來修行，則完全取決在你。我不能說明你對佛教的了解；你應該以個人的方式、作為佛教徒的方式，來闡說生命之道。

　　我的開示僅是幫助你修行。你不能確切地遵照,但是,
也許能給你一點建議吧!

　　非常感謝各位。

真正的專注

「你接受念頭，因為它已經在那裡。對它，你無能為力。沒有必要試著去擺脫。這不是對與錯的問題，而是怎樣坦白地、以一顆開放的心，接受你正在從事的活動。」

　　真正的專注不是只將注意力集中在一件事上。雖然我們說：「先做一件事，再做下一件事」，它的真正涵義其實很難解釋。無須努力專注在任何事物上，我們已預備好專注於某些事物。例如說，如果我的眼神固著於禪堂裡的一個人，就不可能把注意力放在其他人身上。所以，當我坐禪的時候，我並不著力觀照任何一人；那麼，如果某人挪動了，我便可以制止他。

　　觀世音菩薩是象徵慈悲的菩薩，有時他被描繪為男相，同時他也顯現女相。有時她具有救助眾生的一千隻手，但是，如果她只專注於一隻手上面，另外的九百九十九隻手就不會有什麼作用了。

　　自古以來，修行的主要重點是擁有一顆清明、平靜的心——不管你做什麼事。即使你正津津有味地大啖某些食物，你的心應有足夠的平靜，去欣賞那準備菜餚的辛勞，以及製

作杯盤、碗筷每一件器皿的努力。以一顆寧靜的心，我們能賞識每一道蔬菜的滋味，一個接著一個的。我們不添加太多的佐料，所以能夠享用每一蔬果的質地。那是我們如何烹煮食物、如何品嚐它們的方法。

「認識」某一個人，是感受其人的風味——你從這個人身上所感覺到的是什麼。每一個人都有他或她的獨特風味，一種特殊的性格，於其中，許多的感覺呈顯出來。為了完整地欣賞這種性格或風味，須與其有良好的關係，然後我們能夠真正地友善。「友善」的意思不是說攀緣於某人，或試著取悅他們，而是完全地欣賞他們。

為能賞識事物以及眾人，我們的心必須是平靜而清明的。所以我們修習坐禪或「只管打坐」，而沒有任何要得到什麼的念頭。在此時，你是你自己，你「安置自己在自己之上」。以此修持，我們有自由，但是，佛教中的禪所說的自由，和你所稱的自由，或許並不一樣。為了成就解脫，我們盤腿端坐，讓你的眼睛和耳朵對一切事物開放。這種「準備好」或開放的心態是重要的，因為我們可能傾向於極端，攀緣執著於某事，如此一來，將失去自己的寧靜或如明鏡映照萬物般的心。

禪修是我們得以成就心的平靜和清明之道，然而，我們

卻不能在身體上強迫自己，或製造出某種特別的心境來達到。你也許以為有一顆如明鏡映照萬物的心，才是修禪；這沒有錯，但是若你修習坐禪的目的，是為了要「得到」那種如明鏡般的心，那不是我們所指的修行，卻變成了所謂「禪的技藝」。

「禪的技藝」和「真實的禪」不同之處在於——不須努力嘗試，你已經擁有真實的禪；當你努力試著要做什麼，你便失去它了。你是在一千隻手中將注意力集中於單一隻手上，便失去了其他九百九十九隻手。那就是為什麼我們說「只管打坐」的原因。這不是說要全然地停頓你的心，或完全地專注在出入息上，雖然那或許有所助益。在修數息的時候，你也許覺得無聊，因為對你而言這沒什麼意思，於是你失去了對真實修行的理解。我們修習專注，讓心跟隨著我們的呼吸，以此，我們不至於捲入一些複雜的修持法門，企圖要達成某事而失去自己。

在「禪的技藝」裡，你奮力嘗試要像一個技術高超的禪師，具有極大的力量，精良的修行：「喔，我希望就像他一樣。我必得更努力才行。」「禪的技藝」注念於怎樣畫一條直線，或怎樣控制你的心。但是，禪，則是屬於每一個人

的，即使你無法畫好一條直線。如果你能畫一條直線，就畫一條直線，那是禪。對一個孩童來說，那很自然，即使線條本身並不直，也是很美的。因此，不論你是否喜歡盤腿的姿勢，不論你認為是不是能夠做到，如果你知道坐禪的真義，你就能夠這麼去做。

我們修行中最重要的事，就是遵循日課時間表，與大眾共同修行。你也許說這是集體修行罷了，但其實不然。集體修行是大不相同的，是另一種技巧。在第二次世界大戰期間，一些年輕人由於受到日本軍國主義的激勵，對我唸了這一段從《修證義》(3) 輯錄的語句：「明瞭生與死，是佛家修行的大事因緣。」他們說：「即便我對佛經一無所知，我可以輕易地赴死於戰場前線。」那是集體修行。被號角、槍炮、呼嚎之聲所煽動著，很容易地就戰死了。

那種修行也不是我們的修行。雖然我們與其他人共修，我們的目標是與山岳、河川，樹木和岩石，與世界上的一切事物、宇宙的萬物一起修行，而且在這大宇宙裡找到自己。當我們在這個大世界中修行，我們直覺地明白該走哪一條路

譯註 3
《修證義》，日音 Shushogi，後人由道元禪師所撰之《正法眼藏》中濃縮編錄而成，共分五章，是現代曹洞宗要典；然與《正法眼藏》原典稍有出入。

徑；當周遭環境給予你一個徵兆，顯示出你的道路，即使你不知道如何去遵循，也會朝正確的方向前行。

以我們的方式來修行是好的，但是你也許正用一種錯誤的觀點來修持。如果你仍能了解到：「我有一些誤解，但即使如此，我不能停止繼續修行。」就沒有必要擔憂。如果你張開自己真實的眼界，坦然接受捲入錯誤觀點裡修持的自己，那是真正的修持。

你接受念頭，因為它已經在那裡。對它，你無能為力。沒有必要試著去排除。這不是對與錯的問題，而是怎樣坦白地、以一顆開放的心，接受你正在從事的活動。那是最重要的一點。當你修習坐禪，你可接受那正在打妄想的自己，不須從現有的影象裡解脫。「喔，它們又來了。」如果禪堂裡某人向這邊搖動，「喔，他在挪動了。」如果他停止動作，你的眼神還是保持不變，這便是當你的眼睛不專注在某一特別的對象物上，所觀照事物的方式。以此法，你的修行會包含每一件事，一物接著一物，而且不會失去心的平和寧靜。

這種修行的範圍沒有盡頭。把這法門當作是基礎點，我們便有真正的自由。當你從好或壞、對或錯來評定一己的價值，那是比較性的價值，你失去了自己的絕對價值。當你們

以無限的衡量度來評價自己，每一個人都將成為真正的自己。那已足夠，即使你仍認為自己需要更好的測量尺度。若理解這一點，你會明白，什麼是對人們，以及一切萬物最真切的修行。

　　非常感謝各位。

不論我到何處，皆與自己相晤

「只要你仍然執著於自我的觀念，費盡力氣要增進自己的修持，尋求某些事物，或試著創造出一個改良了的、更好的自我，那麼，你的修行已經誤入歧途。你沒有時間去達成那個目標。」

　　大多數人想知道「自我」是什麼。這是一個很大的問題。我試著想了解為什麼你們有這個問題。在我看來，即使你想要理解你是誰，將會是一個無窮盡的試煉，而你將永遠看不到自己。你說打坐而沒有妄想是困難的，但是努力思索你是誰更加地困難──要達成一個結論幾乎不可能；如果你繼續嘗試，你會發瘋的，而且你不知道該對自我怎麼辦才好。

　　你們（西方）的文化，奠基於「自我改善」的觀點上。「改善」或「改良」的概念，其實相當科學性。在科學意識裡，「改良」的意義是，與其搭船到日本，現在你可以搭乘巨型噴射客機。所以「改良」的基礎是比較性的價值，也是我們社會和經濟體系的基礎。我知道你們拒絕所謂「文明」的觀念，但你們並不拒斥「改良」的觀念。你仍然想改進某

一些事。也許你們當中大多數人打坐是爲了要改進你的坐
禪，然而，佛教徒並不那麼強烈地執持於要有所「改良」的
觀點。

當你修習坐禪，試著要改善自己，你也許比較想要以心
理學的方式來了解自己。心理學將能告訴你有關於自我的某
些面向，但是它不能夠告訴你，你是誰。心理學只是就你的
心做出多種闡釋中的其中一種。如果你去見一位心理學家或
精神病學醫師，你會有關於自己無盡的新知識。只要一直去
看醫生，或許感覺有點慰藉，覺得從所肩負的重擔裡被釋放
開來，但是在禪法裡，我們理解自己之道與此大相逕庭。

洞山良价，中國曹洞宗的創始者，曾說：「不要嘗試客
觀地看你自己。」(4) 換句話說，不要嘗試去尋找有關於你自
己的、客觀實相的知識，那只是知識訊息。他說，眞的你，
和你有的任何知識非常不同。眞的你不是那樣子的。他又說
到：「我走自己的路。不管我到何處，皆與自己相晤。」(5)

譯註 4

此指「切忌從他覓，迢迢與我疏」。參本書第三部第四章〈對己慈悲〉之譯註。

譯註 5

此指「我今獨自往，處處得逢渠」。

　　洞山良价駁斥你去攀執有關於自我種種資訊的努力，並且說，須使用自己的兩條腿獨自前行。不管別人說些什麼，你應該以自己的方式往前走，但是在同時，你也應與大眾一起共修。那是另一個重點。意思是，由於和眾人共修之故，你方能與自己相晤。

　　當你看見某人正認真地修行著，你也同時看到自己。如果你被某人的修持深深打動，你或許會說：「喔，她修得真好！」那個「她」其實既不是她，也不是你——「她」的涵義比那還多些。什麼是「她」？仔細想了一會之後，你也許說：「喔，她在那裡，而我在這裡。」然而，在你被她的修行所觸動之際，「她」既非你，亦非她。當你被某事所打動時，那實際上是真正的「你」；此處，我很遲疑地用著這個字「你」，但是那個「你」，正是我們修行的純粹經驗。只要你仍在努力嘗試著要改進自己，你就有一個自我的核心觀點，那便是錯誤的修行。不是我們所意指的修行。

　　當你把心放空，當你放下一切，以一個開放的心態，只管修習坐禪，那麼，不論你見到什麼，皆與你自己相晤。那是「你」，超越了「她」，或「他」，或「我」。

　　只要你仍然執著於自我的觀念，費盡力氣要增進自己的修持，尋求某些事物，或試著創造出一個改良了的、更好的

自我，那麼，你的修行已經誤入歧途。你沒有時間去達成那個目標，所以最終，你變得疲累不堪，而你要說：「禪毫無用處。我打坐十年了，但是卻沒有得到什麼！」然而，如果你僅僅是前來這裡與誠摯的修行者一同共修，在他們之中發現自己，而你繼續那樣不間斷地修習下去，那就是我們的修行之道。無論你到什麼地方，都能有這般體驗。正如洞山說的：「不管我到何處，皆與自己相晤。」若他看見水，那即是面見他自己；見到水，對他而言，便已足夠，即使他不能看見自己在水中的倒影。

所以，了解自己的方法，並不是客觀地看待自己，或者從不同的管道收集資訊。如果人們認為你瘋瘋癲癲的——「是的，我瘋了。」如果人們說你不是個好弟子，那也許沒錯，「我雖不是一個好弟子，但我非常努力。」那就夠了。當你以此態度來打坐時，你接受自己，並且接受每一件事。每當你捲入各種愚蠢問題時，與你的問題一起打坐。在此時，那即是「你」。若你試著要逃離你的問題和麻煩，便已經是錯誤的修行了。

若是你固守自己所製造的概念牢牢不放，像是一個自我的觀念或客觀的現實，你會失落在那個由心所幻造的客觀世界裡。你創造萬事，一件接著一件，無有止盡。也許你造作

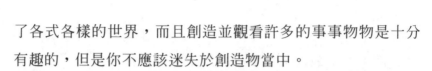

了各式各樣的世界，而且創造並觀看許多的事事物物是十分有趣的，但是你不應該迷失於創造物當中。

　　修行的另一個面向是：我們思想，我們行動。我們並不是盡力去變成一塊石頭。每一天的生活，都是我們的修行。與其被妄想心或想像、情緒的活動所奴役，我們以其真實的意義來思考。念頭來自於我們真正的自我，自我則涵蓋了一切事物。在我們想到樹林、小鳥、所有萬物之前，它們都在思想著；當它們思想時，或是呻吟、或是鳴唱──那是它們的念頭。我們沒有必要去想更多。如果我們明見事物如其本來之面目，念頭已經在當處；這種純粹的念頭，是我們在修行中所有的念頭，因此之故，我們也一直有從一己之中解脫的自由。我們能夠看見事物如其本然，同時，亦能思想萬物。因為我們不固著於任何特定的思想標準，對我們來說，既無正確之道，亦無錯誤之道。

　　非常感謝各位。

一切事物的老闆

「不被修行所束縛,你能與一切事物分享你的修行。那便是
如何在自己身上建立你自己。你已全然有備去包含一切事
物。當你涵容一切事物,那是真的自我。」

我們修習坐禪的原因,是要當一切事物的老闆;不管我
們身在何處。但是如果我這麼說的話,會製造出一種誤解:
即是,你是每個人或所有事物的老闆。當你那樣理解的時
候,你的存在,成為你心中的一個概念,那不是我們所指的
「你」。那不過是一個錯覺幻象,因為你的概念並不被你的修
行好好地撐持著,而你將被「你」和「他人」的觀點所束
縛。當真正修行的力量支持著你的理解時,那麼,那個修行
我們之道的「你」,就是一切事物的老闆,是你自己的老
闆。

這就是為什麼佛陀說要掌握你的自我。你必須有所掌握
的那個自我,是幻妄錯覺的你,不是真的你。對於你是誰,
你已有一個概念,而且被那概念所牽制。你被「幻妄的你」
所奴役,所以你產生重重問題及迷惑。當這些觀念被你修行
的力量掌握時,那個「你」便是一切事物的老闆。而後,即

使是一顆困惑的心，也會被你的修行所支持。

　　在修習坐禪的時候，聲音進入你的耳朵；你也許聽到了各樣的聲音，有時在你的心裡生出各個不同的觀點意見，但如果你的修行工夫頗佳，你的修行將擁有或包括所聽到的一切事物和意象。它們都是你的一部分。你的修行夠強，因此能擁有它們，而不至於成為它們的奴隸；就如同你擁有雙手和眼睛一般。

　　有時你握著某物的時候，看來好像左手和右手不大合作，但是它們正試著一起運作。當你真的是一切事物的老闆時，即使看起來像是困惑的狀態，其實並不是迷惑。外表看來，你正在做一些錯事，人們也或許會說：「喔，他在做錯事。」但是那只是他們的理解。因為你擁有一切，所以並不是在做什麼錯事，而且你管理事物，就有如在運用雙手。

　　你讓自己與一切事物共同存在，也讓一切事物以它們自己想要存在的方式而存在。那是修行的力量，與做錯事是非常不同的。若某人做錯了事，他會受苦，但是對你而言，你沒有苦痛，只是以某些方法來管理事物，如同它們是屬於你的。

　　你也應該以這種方式來遵循戒律。你持守戒律，不是因為必須遵從佛陀的話語，而是要延伸真實的修行到每天的生

活當中，或者在自己身上安頓自己。這一自我包含一切事物。有時我們說延展修行到每天的生活，就是要完全地涉入活動，或與事物合而為一，但是這樣的說明並不清楚，於是你會說，喜好棒球或是沉迷於賭博同樣是修行。但那不是修行，因為你被制約。你不是賭博的老闆──賭博才是你的老闆。你的修行起不了作用，你被自己心中所製造出來的某些事物所綁縛著。

你的心旋轉著，製造出一些妄想；你只有想佔便宜或投機的主意，僅此而已。因此，你被自己和賭博所纏縛，完全不是在修習坐禪。你不是老闆，你並不擁有你的心，甚至不擁有你的雙腿，因為當你早晨一起身，你的雙腿就想到內華達州的雷諾城賭博去！你的修行並不支持你的腿。那便是不同之處。

所以，與某事為一，不是說被它所控制。當你變成了心中某些事物時，你就被制約了。你在心裡創造了一些有趣的事物，你變成容易聽信的，很有熱情想要成為心中想像出的成員的一份子；你被它所奴役，即使除了心所製造出來的之外，什麼也所有。毫無修行，毫無支援你的事物。你不是老闆，更失去了自己。那是不一樣的地方。

所以我們說修習坐禪，而不帶有任何想得到什麼的念

頭，沒有任何的企圖目標。讓事物自自然然如其運作，支持
所有事物，如你本來具有。真正的修行，有其定位與方向，
但卻沒有目的或獲取的想法，因此它能夠涵容發生的一切。
不論是好是壞都無妨。如果不好的事情出現了：「好的，你
是我的一部分」；如果好事發生了：「喔，好的。」因為我
們不具任何特殊的終點或目的，什麼事顯現了都沒有關係。

　　既然涵容一切，我們稱之為「大心」。不管是什麼，
「大心」包含於我們之內，我們擁有它，所以我們稱呼它為
「大心」，或「沒有目標的目標」或「無舌之舌」。即便我在
談論某些事物，其實沒有目標。我只是跟自己講話，因為你
們是我的一部分，所以我的開示沒有目的。某些事在進行
著，僅僅是這樣罷了。某些事進行著，是因為有與一切事物
分享修行的真正喜悅。

　　當你修習坐禪，所有的萬物都在修習坐禪，你所擁有的
一切也都在修習坐禪。佛陀修習坐禪，佛法修習坐禪，萬事
萬物都和你一起修習坐禪。而你與萬物共同參與、分享著修
行。坐禪於是如此發生，我們真實的生命以此方式發生，我
們真切的菩薩道亦以此方式發生。

　　這是你們如何能幫助眾生之道。幫助他人的意思，是把
你的修行回向予眾人。我們與孩童、與街道上的人們分享我

們的修行。即使他們並不修習坐禪，我們可以分享這修行，因為當我看見人們，他們已經在那裡，而我便和他們一同修習坐禪，與汽車的聲音，與一切，一起修禪。

　　如果有人問我為什麼要修行，我也許要回答，是為了有一個向善的心。重點是不失去這顆向善的心。在日本，孩童有一種菩提達摩玩偶，你知道那種玩具嗎？它是紙做的，即使你推倒它，它會馬上站起來。那正是向善的修持。人們享受推倒這玩偶的樂趣，因為不管它怎麼地東倒西歪，總是會再直起身來。這是我們修行的一個好例子。

　　我們不能找到自我在哪裡。若你說：「這裡是我的心」，那已經是一個自我的概念。它在此處，而不在彼處。你以為你的心在頭腦裡，但是它又在何處呢？沒有人知道。所以修行是與所有一切同在。不被修行所束縛，你能與一切事物分享你的修行。那便是如何在你自己身上建立你自己。你已全然有備去包含一切事物。當你涵容一切事物，那是真的自我。

　　非常感謝各位。

眞摯的修行

「重要的不是教法，而是學生的質地或努力。即便是尋求開悟，就表示你的心還不夠廣大；你還沒有足夠的眞摯，因爲你在修學中仍有某些目的存在。」

　　雖然道元禪師被視爲日本曹洞禪的創始人，但他並不喜歡認定自己爲「禪」，遑論「曹洞」。若有必要，他說我們應稱自己爲佛弟子，而且他向來稱呼自己爲「山僧道元」。

　　道元禪師在中國受教於天童如淨禪師時，當時有許多不同的禪門宗派，如曹洞、雲門、法眼，以及潙仰宗。但根據道元禪師，如淨禪師並不屬於任何特定的門派，他的禪法只是修習坐禪，和以他自己的身與心去領會佛陀的本懷。這也是爲什麼道元禪師接受他作爲老師之故。

　　在日本，道元禪師曾研究天台佛教，後來又到榮西（日音 Eisai）禪師的寺院研習臨濟禪。但是榮西禪師不久便圓寂了，道元爲了要跟隨適當的老師繼續修習，所以前往中國向命禪法師參學，命禪（日音 Myozen）也是榮西禪師的徒弟之一。道元參訪了許多寺院，見過多位大師，卻無法受教於任何人，直到遇見了天童如淨禪師。

　　雖然道元從未在天童如淨禪師座下修學，但他第一次見到禪師時，馬上接受他成為自己的老師。同樣地，如淨禪師也這樣想：「這是我的徒弟，他將傳承我的修行法脈。」一天傍晚，在坐禪期間，如淨禪師正在斥責某學子打瞌睡時，道元禪師的悟境突然現前。他將悟境呈給如淨禪師，受到其認可傳法。之後，道元禪師返回日本。

　　在這裡，我們首先注意到的是，道元禪師是名僧侶，他想要成為佛陀真摯的徒弟。只是如此。他早已經放棄了作為佛教學者的嘗試，所以他的問題是如何從心靈與心智底處作一個好弟子。擁有這種精神，是最重要的一點。既然他是這樣誠摯的一名求法者，他無法接受不像他一樣誠摯的老師，也不能接受只是把佛法講得頭頭是道的老師。他希望能夠遇到一個僧人，真正地以禪的真義來習禪。因此，當他遇見如淨禪師，接受他為師父，而如淨禪師見到他，也同時認了他的真摯求法之心。

　　什麼是真摯的修行呢？如果你不是那麼真摯，很難了解這涵義；但是如果你非常誠摯的話，你不能夠接受膚淺的事物。只有當你變成非常真摯時，才會知道那是什麼。就像欣賞好的藝術般。假如你要能欣賞好的藝術，最要緊的是鑑賞好的作品，在你賞識過許多好作品之後，當你見到某些藝術

品不是那麼優良的時候，你馬上可以辨別出來。你的眼光變得夠銳利，可以分別出優劣。

那就是為什麼道元禪師強調師父的重要。如果你要知道什麼是真摯，你應該有一個好的老師，因為經由面見其人，你將知道好的師父是什麼意思；當你遇見一個誠摯真實的人，便能體會所謂誠摯真實的意義為何。這不是我可以描述的事情，你會以直覺感受到。見到一位好師父時，你就會有這種直覺。

發展你精練的眼力，或清楚、無偏頗的判斷，重要的是放棄，或準備好可以放棄每一件事，包括你對教法的理解，你對佛教的種種知識，然後你能夠鑑別什麼是好的、什麼是壞的。為數甚多的禪師放棄研究經典，僅只修習坐禪。他們不依靠任何事，只修習打坐，以清淨己心。任何的教示，對你而言，都可能是極好的教示，但是因為你錯誤的判斷，那教導變得不具意義。你用自己的判斷損害了好的法教，然而，當你不去評斷時，你就能接受法教如其本然。

道元從如淨禪師處習得的教導就是這種偉大的精神，隨時準備放棄所有事物。特別在如淨禪師修習坐禪之時，他的心中無有一物。那種修行的純淨，深深打動了道元。當你努力嘗試要放棄每一件事，你其實尚未放棄每一件事。當你厭

倦了愚昧的討論或無益的研究，或是這愚蠢的心試著要攫取某物來倚賴時，你就會尋找所謂的眞理或眞實的教示。你將完全投入純淨的修行之中，放棄一切。

我的師父岸澤惟安禪師，是一位了不起的學者，他的研究開始於在他放棄了一切事物以後。他不在乎職位、名氣或聲譽，不管人們怎麼看待他，他都不以爲意。他持續地進行參究和修行，只是爲了與那些將自己奉獻於教法的古來禪師大德會面。當你放下一切，那裡既無曹洞禪、亦無臨濟禪。對我的師父來說，那是眞實的情況。

每當他見到一個學生或佛教學者時，他會詢問他們所有的、書寫下來的教導。不管如何，他總是很有興趣地研讀它們。他一直在尋覓他的精神友人，他的老師。不論這個人是否赫赫有名，對他並無所謂。只有當你放棄一切時，才能看到眞正的老師。

即使是佛教這個名字，也已經是我們修行上的污點。重要的不是教法，而是學生的質地或努力。即便是尋求開悟，那只表示你的心還不夠廣大；你還沒有足夠的眞摯，因爲你在修學中仍有某些目的存在。想要完成什麼的欲望，或甚至是傳播佛教的意欲，都不夠純淨；只有見到某人是神聖、偉大和純淨的，才是我們研習禪或佛教的目的。

　　在這點上，你的師父應該非常嚴格。當你懈怠懶惰，他會很生氣。如果你總是做一些不夠純粹的事，你是在浪費時間。盡可能地跟隨你內在的聲音，拒絕無益之事。道元禪師說，如果你的修行足夠純淨，你將被佛陀所支持著，所以不用擔心誰要護持你或什麼事將會發生。一刻隨著一刻地，虔敬地奉獻自己，傾聽你內在的聲音，然後你會遇見某個真實偉大的人。你會遇見一個能接受你，而你也能接受他的人。對禪門子弟而言，這是最最重要的一點。若是你不能以這種方式來接受你的師父，你應尋找另一位師父。缺乏這種精神，幾乎不可能來修學我們之道。

　　實現求道之心的方法，便是修習坐禪。如何修習坐禪？須有正確的姿勢。立髮禪師提到以一種有趣味的方法來修行正確的打坐姿勢，就是說「是的」，那真是個好主意！問自己，我的手印如何？「是的」。我的眼神？「是的。」簡而言之，坐禪正是「是的」。我的脊椎——「是的。」我的下巴——「是的」。你並不是實際地檢驗你的坐姿，你只是接受你的坐姿——「是的。」

　　這即是坐禪。在修行裡，沒有多餘的活動；這是你要有的精神。我們的修行沒有其他的祕密。如果你還有其他的祕訣，那是異論。若你有某些特異的修行方法，你是不會達到

這一點的。

　　就戒律而言也是一樣，如「不殺生」。你也許以為若不去殺戮任何生物的話，你無法存活；但這到底可不可能做到，不是問題。如果戒律說：「不殺生」，而後你接著這樣說：「是的，我將不殺生。」在那當刻，你有完美的佛性。然而，假如你評論說這是不可能的，是對的或錯誤的，或你開始將佛教的戒律與基督教的誡命相比較，你便失去了要點。不管是針對誡命或戒律，當你說「好的」時，我們即具有佛心，或完全的恩慈。所以，如果你注意到此點，就沒有其他的奧祕了。當你直接傾聽內在的聲音，甚至不特別費力地去傾聽它，不論何時當你有機會聆聽到它的時候，那就是「道」。那就是佛陀的聲音。

　　非常感謝各位。

「一如」——與萬物為一

「……不管你在哪裡，你與雲朵為一，與太陽為一，與你所見的星辰為一。即使跳下飛機，你不會到其他地方，你仍然與萬物為一。那比我所能說的，比你所能聽的，都還要真實得多。」

我們大多數人從差異來了解事情，如大或小，黑或白，物質的或精神的。當我們說「精神的」，意指它是非物質的，但是根據佛教，即使是精神的，仍然屬於現象界的現實這一面。另外的那一面，我們稱之為存在實體論的（ontological）或本體的，是無法以肉眼見到的一面。在「精神的」或「物質的」之前，另外那一個面向早已經存在。這不是你以自己的小心量能夠知解的：大或小，黑或白，男或女，只以這種方式來理解，是在我們真實的存在上設限。

只要你仍以現象界的條件去了解實相或了解你自己，那就沒有可能。當你明白除了精神的或物質的、正確的或錯誤的之外，還有其他，那便是實相。那其實也正是我們每一個人。要領會這點，必先捨離——離於對或錯、生或死、精神的或物質的諸多概念。

　　雖然你這麼努力要成為精神性的，你仍然只存在於一邊，而忽略另一面，那是為何你受苦的緣故。如果真的想要證得開悟，實現你真正的存在，必須超越好或壞，生或死。如何達此，經由坐禪。若有某事發生，讓它發生，不要以好壞的概念來想它。讓它來則來，去則去。那是實際的坐禪——超越不同的觀念想法，而僅是做你自己。

　　你與其他人並不只是精神的或物質的。即便某個人看起來在做一些錯事，但誰能肯定地論斷呢？人們也許這樣說，或你也許這樣說，但是那個人，既非好、亦非壞。社會有其標準。我們暫時性地設下道德的規章，於是說這是好的、那是壞的，但那是有可能改變的。如果評斷的道德規章或標準改變了，今天所謂的「壞人」，也許明天變成一個「好人」，或在一兩年之內有所平反。好與壞取決於時代；但事物本身——事物本身既非好、亦非壞。

　　事物如何進行，是根據因果的規律。現今存在的事物會致生某些結果，而那結果又會導致另外的結果。某些既非好、亦非壞的事，以此方式進行著，這即是實相。不了解此點，你傾向於以好或壞來領會事物，你想此處有一個好人，一個壞人。但是我不這樣來理解事物。事物只是不斷進行

著。如果我們明白這一點，那是捨離。

　　當你坐禪時，你是你，你不能說：「我是一個好人，我的修行是完美無缺的。」當然你是完美的——從最初本然開始，你就是完美的，但沒有必要說自己是完美的。你是完美的，即使你不明白你是完美的。那便是為什麼我們說，我們都是佛，而且我們的佛性在繼續不停地開展。

　　我們說，我在這裡，你在那裡。這麼說是可以的，然而實際上，沒有我，你就不存在；沒有你，我也不存在。這是非常真確的。因為我在此處，你就在彼處；而你在彼處，我就在此處。你或許會說，即使我不前來塔撒加拉，你還是存在於這裡，等著我到來。也許沒錯，但那不是完美的理解。我曾經在佩奇街三百號（Page Street, 禪中心總部，在舊金山市區；譯按）住過，那裡與一切事物息息相關；而你，也與一切事物息息相關。我不能就對那幢建築物說再見，因為它與高速公路、樹木、空氣、星辰、月亮和太陽，都息息相關。如果我與日月相互關連，如同你與日月相互關連，那麼，當我們總是時時相互關連的狀況下，怎麼可能說我在這裡而你在那裡？

　　只是你的心在區分著說你在此處，我在彼處，僅此而

已。本來，我們與一切事物為一。如果某人過世了，你會說他不再存在了；但是否有可能讓某件事物完完全全地消失呢？那是辦不到的。同時，讓某件事物突然地自無中生有，也是辦不到的。在這裡存在的某事，不可能完全消失；它改變了形態，僅是如此。所以，我們一直都是同體的。

就外表上，你也許說你覺得很寂寞，然而，如果你極為誠摯，並且真的捨棄了狹小心量的話，就不會有恐懼與情緒的問題。你的心始終平靜，你的眼總是敞開，你可以聽到小鳥鳴唱的樂音，看見花朵的綻放，沒有一件事可以讓你牽掛。當你憂慮的時候，將會視它為一本有趣的小說，閱讀它很有趣，但不是件值得恐懼或擔憂的事。若我們以此方式來理解萬物，便能夠全然地享受生命。

幾天前，我從美國東岸飛回西岸，看見了美麗壯觀的落日。如果你朝西方飛行，落日的景象延續很長一段時間。在地面上，人們以為天黑了，陽光隱沒了，但是若你在高空飛翔，你仍然可看見落日，而且還看到絢爛的雲層。見到這景象真是莊嚴，但在同時，某個人也許因此而感覺非常寂寞。然而，不管你在哪裡，你與雲朵為一，與太陽為一，與你所見的星辰為一。即使跳下飛機，你不會到其他地方，你仍然

與萬物爲一。那比我所能說的，比你所能聽的，都還要眞實的多。

　　我不是在談論一些奇怪或神祕的事。如果你以爲如此，表示你還不夠眞實。你的感覺還不夠深刻去感受什麼是眞的。以足夠的眞摯來做自己，是我們努力的方向。再者，道元禪師說，若你眞要離於生死，不要努力嘗試離開生死。生死，是我們這一生的配備；若無生死，我們不能生存。有生有死，是我們的榮幸，那是我們得以了知眞理的方法。

　　簡短地說，我們不必去烘焙許多自製的餅乾，你對大小、好壞之種種觀念的餅乾，只要烘焙足夠吃的餅乾就好了。沒有食物，你不能生存，所以製造餅乾是好的，但不必做太多。有一些問題是好的，沒有問題，我們不能存活，但是不需要太多。你不須爲自己創造更多的問題；你已經擁有足夠的問題了。

　　如果你眞能理解你的生命，甚至沒有必要去修習坐禪，我也沒有必要來到美國。假如你能爲自己製造足夠的餅乾，讓我回去日本，吃日本的餅乾，倒是好的。既然你造出這麼多的餅乾，我得吃一些，我必須幫助你。如果我們理解這一點，享受足夠的自製餅乾，那是佛教徒之道，是我們如何享

受生活的方式，也正是我們修禪的原因。我們不是修習坐禪來證得特殊的開悟；我們只是為了做自己，只是為了離於我們無益的努力或習性，所以我們修習坐禪。

非常感謝各位。

第五部
隨處即開悟

「即使在我們不完美的修行中,開悟就在那裡。我們只是不知道罷了。所以,重點是,在證得開悟之前,發現修行的真正意義。不論你在何方,開悟即在當處。如果你在所在之處,當下站立起來,那便是覺悟。」

隨處即開悟

「我們所見到的、所聽聞的一切,沒有一件事是完美的。但是,就在這不完美裡頭,即是完美的實相。」

在我們的修行裡,最重要的,是了解我們都具有佛性。智性上,我們也許明白這一點,但卻相當難以接受。我們每天的生活是在好與壞的二元對立世界,而佛性則是在無有好壞區分的絕對境界中被發現的。有一種雙重的實相。我們的修行在超越好與壞的境界,去實現那絕對的實相。這點或許很難完全理解。

橋本禪師(Hashimoto Roshi)是一九六五年過世的一位著名禪師,曾說我們(日本人)的烹飪方式是分開準備每一種佐料,所以,白米飯在這裡,淹漬醬菜在那裡。但是,當你們把飯菜吃下去時,就不知道什麼是什麼了。湯汁、米飯、醬菜,每種東西都混在一起,這便是絕對的世界。只要米飯、醬菜、湯汁分隔開來,就無法被消化,你也得不到滋養。就好比你的智性理解或書本上的知識——與你的真實生活保持分離的狀態。

禪修混合著我們不同的理解方式,並且一起運作。一盞

煤油燈若僅是裝滿煤油，並不會有作用，它還需要空氣產生燃燒；即便有了空氣，還要有火柴來點燃。以火柴、空氣和煤油之助，這盞燈才會發光。這就是我們的禪修。

同樣的，雖然你說「我有佛性」，這句話本身不會有功效。如果你不與同修或僧團一起修行，你的佛性不能開展。當你有在家、出家同修的支援，以及佛陀的幫助，我們將能夠修習禪的真義。我們在塔撒加拉禪堂這裡，和在自己日常生活中，都會擁有明亮的光輝。

有所謂的開悟經驗固然非常重要，但更為重要的是知曉如何調整我們的禪修與日常生活裡的火焰。當火焰完全燃燒的時候，你聞不到油煙味；當烏煙瀰漫，你就會聞到味道。你也許明白到那是一盞煤油燈。當你的生命充沛地燃燒時，你沒有抱怨，也沒有必要留意你的修行。然而，如果我們談論太多有關坐禪之事，那已經是一盞冒煙的煤油燈。

也許我是一盞冒很多黑煙的煤油燈。我並不一定想給你們開示，我只想和你們一起生活起居：搬移石頭，洗溫泉浴，吃一些好吃的食物。禪就在那裡。當我開口演講，便已是一盞冒煙的煤油燈。只要我必須開示，我得解釋：「這是正確的修行，這是錯誤的，怎樣來修習坐禪之法……」，就像是給你一道食譜，它不會有作用，你不能以食譜為食物。

通常禪師會說道：「修習坐禪，而後，你將證得開悟。若你證悟了，將會遠離一切執著，然後會見到事物本來的面目。」當然，這是真確的，但是我們之道，卻不總是如此。我們在修習如何來來回回地調整我們的燈焰。道元禪師在他的《正法眼藏》裡對於這一點有很明確的說明。他的教示是要我們燃燒殆盡地活在每一刻，如同一盞油燈，或一根蠟燭。活在每一刻，與萬事為一，是道元禪師教授和修行的要點。

修禪是極為精緻微妙的一件事。當你修習坐禪，平常一般工作時所注意不到的事情，會變得更敏銳覺察。今天，我搬了一會兒石頭，沒有感受到肌肉疲累了。然而在我平靜下來打坐的時候，我便明白：「喔！我的肌肉真是酸痛。」我感覺到身體不同部位的不適。你也許以為若沒有任何問題，可以禪坐得更好，但事實上有點問題是必須的。那不見得需要是個大問題。經由你具有的困難，你可以修習坐禪。這是一個很有意義的重點，也是為什麼道元禪師說：「修行與證悟是為一體。」修行是你所做的、有意識自覺的事，是你以努力來從事的事──那便是了！就在那裡，即是開悟。

不少禪師會錯此意，他們仍然奮力追求完美的禪修：存在的事物是不盡完美的。但卻是每一件事物在這世界存在的

方式。我們所見到的、所聽聞的一切，沒有一件事是完美的。但是，就在這不完美裡頭，即是完美的實相。就智性和修行而言，這都是真實的；在紙上或在我們的身體，皆真切不虛。

你認為只有在證得開悟之後，才能奠立真正的修行，但其實不然。真正的修行建立在迷惑和挫折上。如果你犯了一些錯誤，那錯誤之處，正是你建立修行之所在。沒有其他地方來讓你奠定修行。

我們總是提到開悟，但是就其真義來說，完美的開悟，遠遠超過我們的理解，超過我們的種種經驗。即使在我們不完美的修行中，開悟就在那裡，只是我們不知道罷了。所以，重點是，在證得開悟之前，發現修行的真正意義。不管你在何方，開悟即在當處。如果你在所在之處，當下站立起來，那便是覺悟。

這被稱為「我不知道坐禪」（I-don't-know zazen）。我們不再知道坐禪究竟是什麼；我不知道我是誰。當你不知道你是誰，或你在何處，去尋求全然的沉靜，就是去接受事物之本然。即使你不知道你是誰，你接受了自己，那是「你」的真實意義。當你知道你是誰時，那個「你」，不會是真的你，你或許容易高估自己；然而，當你說：「喔，我不知

道」，此時，你便是你，你完全知道你自己，那是開悟。

我想我們的教法是非常、非常好的，但是，假如我們變得傲慢自大，太過相信自己，我們將會迷失。將不會有教法，不會有佛教的存在。當我們在自己的平靜之中發現生命的喜悅，我們不知道那是什麼，我們不理解任何事物，那麼，我們的心是非常巨大、寬廣的。我們的心對一切敞開，所以它足夠廣大、在我們「知道」以前，去了知所有一切；即使在我們擁有某事之前，就已經心懷感謝；即使在證悟之前，我們已經是快快樂樂的修行我們之道的人。不如此的話，我們不能真正地成就任何事。

非常感謝各位。

不執著於開悟

「眞的開悟，總是與你同在，所以沒有必要執著它，甚至想到它。因爲覺悟總是與你同在，困難的本身，也就是悟境；你的繁忙生活，也正是覺悟的活動，那才是眞實的開悟。」

　　禪宗六祖慧能說過：「安住於空性，保持一顆寧靜的心，並非坐禪。」他也曾說：「只是盤起腿打坐，那不是禪。」同時，我一直告訴你們：「只管打坐。」如果不明白我們的修行之道，而只是執著於文字，會覺得很困惑；但是若你知道眞的「禪」是什麼，會了解六祖的話正是對我們的一種警告。[1]

　　現在我們的禪七已接近尾聲，很快地，你將回到你的家，從事每天的日常活動。如果你這幾天來修習了眞實的禪，將很高興地回到你的尋常生活，你或許覺得頗受鼓勵，但是，如果你對回到城市生活或每天的例行活動覺得有所遲疑猶豫，表示你仍然執著於坐禪。這也就是爲什麼六祖慧能

譯註 1

六祖慧能多處提及此旨，參《六祖壇經·般若品》第二：「師陞座，告大眾……善知識，莫聞吾說空，便即著空，第一莫著空。若空心靜坐，即著無記空。」〈頓漸品〉第八：「住心觀靜，是病非禪。長坐拘身，於理何益？」

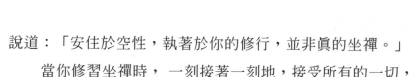

說道：「安住於空性，執著於你的修行，並非眞的坐禪。」

當你修習坐禪時，一刻接著一刻地，接受所有的一切，在眼下這一當刻中，對自己所做的一切心滿意足。因爲你只是接受它，沒有任何抱怨，那即是坐禪。即使你還達不到這點，你知道該怎麼做。而後，坐禪也將鼓勵你從事其他的事務，正如同打坐時，接受你酸痛不堪的雙腿——你接受每天的生活，而那是比禪修更爲艱難的。

特別是在這七天的接心期間，如果你品嚐到眞實修行的況味，然後回到繁忙生活中而不失落這修行滋味，那將是一個極大的鼓勵。雖然很困難，雖然你非常忙碌，在你心中，總會存有那種寧靜的體驗；不是因爲你執著它，而是因爲你享受它，當你能享受它，就無須執著。所以如果你品嚐到我們修行的眞滋味，你可以隨時享受它，不論你正在做什麼事。

你或許認爲你已經開悟了，但是如果你極爲奔忙，或身處於某些困境之中，想要再重拾那種體驗，那便不是眞的開悟，因爲那是某件你有所執著的事。眞的開悟，總是與你同在，所以沒有必要執著，甚至去想起它。因爲覺悟總是與你同在，困難的本身，也就是悟境；你的繁忙生活，也正是覺悟的活動，那才是眞實的開悟。

　　今日的年輕人熱衷於約會，但是開悟不是一件可以在約會裡遇見的事物。假如你的生活有組織，在一定的時間起床，一定時間拿起你的午餐袋，然後出門工作，若你有一個女朋友或男朋友，你將與他們相見，因此沒有必要去安排一個約會。在某個特定的時刻，她會出現在你們通常碰面的地方。那是我們的修行之道。打電話約時間會面是相當愚蠢和麻煩的。即使你用電話定下一個約會──「嘿，我正出門。」──如果她不出現，你將很失望。若你並無約會，但她來到老地方和你碰面，你會真的很高興。

　　那是證得開悟之道。這不是一件好笑的事情，我在談的，是真實的事。不安排約會，是說不期待、不執著於開悟。當你受到開悟的激勵，那麼見到她，即使只是短暫的一瞥，就足夠了，你整天都會非常喜悅。如果你對她要求太多，就已經說明了你在執著開悟。

　　那是六祖慧能所意謂的：「只是安住於空性，並非真的坐禪。」他原是聽到《金剛經》的名句而證悟：「應無所住而生其心。」所以，如果你執著於某事，將失去你的覺悟。雖然你很努力要安排一個約會，但卻沒有用。以那種方式所得到的開悟，是件讓你執著的事物，不是那一直與你同在、總是鼓勵著你的事物。

　　這一點非常重要。在我們打完禪七之後，應繼續在每天的生活中修行，而得到真正的開悟。這是一次收穫豐碩的禪七，你們之中有些人品嚐了我們之道的一點好滋味。即使你沒有這種經驗，我想，你已知道如何修習坐禪。所以，從現在開始，持續聽從你老師的正確教導，真摯地修行下去，有朝一日，你會嚐到「悟」的味道。

　　非常感謝各位。

專屬於你的教法

「……雖然你說你的修行還不夠好,但此時,你沒有其他的修行。不管好或壞,那都是你的修行。」

當我們修行的時候,經常是有所期待的:如果我們勤勉奮力,修行將有所進展;在修行中有一個目標,最後我們會達成它;我們以為修行工夫將日復一日地增強,並可以促進我們的身體健康與精神狀況。這是真確的,但這不是一個完整的理解。

我們另有一種對禪修的理解:一兩年之內,不見得可以達到我們的目標,修行無他,此時此地即是。這即是修行的標的。當你以這樣的方式來修習時,你同時關照許多事,而且也能夠保持專注集中,完全地從事於你目前的修行。那就是為什麼我們有許多不同的教導,所以你可以努力地修,在修行的當下,感覺到其目標所在。

你或許會說:「我的修行不夠好,現在仍不能感受到目標或完整的意義。」雖然你說修行還不夠好,但此時,你沒有其他的修行。不管好或壞,那都是你的修行。要接近完美的修行,除了接受你自己之外,沒有其他的方法。光是責備

說你的修行真差勁，不會有什麼幫助；讚美說你的修行真是好極了，也沒有用處。你的修行是你的修行，你用幾種方式來描述它，好或壞，僅此而已。首先，我們應該明白此點，所以我們說：「雖然你的修行不怎麼樣，但那本身即是完美的修行。只管打坐吧！」

聽到這裡，你也許會客觀地去理解，把它當作一個藉口：「無論如何，我們正在禪堂裡打坐，因此，這就是完美的修行。沒有必要鼓勵自己，沒有必要枯坐一整天。只要我們多少禪坐一下就好了，即使坐一柱香也就夠了。」那樣的理解是非常膚淺的。從你自身上毫無領會。

真理總是在此處。然而，只是這麼說，而不去真正地修行，我們稱之為「畫出來的餅」，一張繪有糕餅的圖畫，你不能吃。雖然你在打坐，但你是在吃一個畫出來的餅，所以，沒有味道，你最終將會放棄，因為這不具任何意義：「沒有產生什麼結果，還不如到下城鬧區吃點什麼，比吃禪中心的食物好得多！」

當其他人稱你是禪門子弟的時候，你或許相當高興，那麼你的修行是在鼓舞你的自我，不是在修禪。當你那樣打坐，「禪」，毫無意義。真正的坐禪，不能像那樣子；如果禪是這樣，會在很早以前就從世上消失了。「禪」仍然存在

的原因，是因為真理的另外一個面向。許多位佛教的祖師、偉大的聖哲曾說：「佛陀遺留這一教法，只是為了我，不是為任何人。佛陀僅為日蓮留下《妙法蓮華經》。」如果忘記了這個面向，佛法不過是廢紙罷了。「只是為我」，不是自大傲慢，卻意謂著你把教法當作是自己的，對它有全然的欣賞。

那正是當我們修禪時所應具備的精神。每一個人都可以是日蓮；每一個人都可以是道元或菩提達摩。因為我修習坐禪，所以有佛陀，有道元，和菩提達摩，有佛法。你了解到你是世界唯一的存在，沒有人可以取代你的位置。那是真的──所有的教法，只是為你而生。當你還年輕，你不會有這種感覺，你想將活上五十歲，甚或一百歲，所以就這個「今天」而言，對你沒什麼價值。假如你活到我的年紀，會真的感覺到：「我只是這一個存在。沒有任何人能代替我，所以，我萬萬不能愚弄自己。」

這點對所有人都是非常重要的，特別是對修習我們之道的人。缺乏這一信心或理解，你將顯露出修行的弱點：「喔，不，我不夠好。看看我──我不能修習坐禪。禪是這麼美、這麼無瑕，但對我來說就是毫無修習的可能。」你會感覺到你性格、行為裡的短處。而且有這樣先入為主的成見

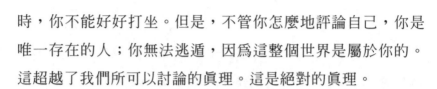

時，你不能好好打坐。但是，不管你怎麼地評論自己，你是唯一存在的人；你無法逃遁，因爲這整個世界是屬於你的。這超越了我們所可以討論的眞理。這是絕對的眞理。

　　你怎麼能否認你是唯一的那個人呢？你可以挑剔自己，這很容易；但是當你承認、接受你正是唯一的那人時，你沒有時間去批評什麼是「好的修行」或「壞的修行」。因爲你對眞理充耳不聞，你才有時間挑剔自己。當你理解此點，便能夠聽見或看見實相，而你也能夠修習坐禪。你可以接受眞相，不管它是什麼。修行，是對所見的一切事物敞開，視一切事物爲實相的具體化。這是我們爲什麼修禪的原因，爲什麼每個人都可以加入修習，以及爲什麼這修行包含你生活中的每一個活動。

　　這不是可與其他修行互爲比較、作爲達成某一目標的法門。從眾人的經驗，我們所採取的打坐形式、我們呼吸的方法，這樣代代累積下來的教導，就像科學知識的積聚。然而，佛教的智慧著重於眞理主觀性的那一面，那是所以我們說每個人皆是佛陀，所以我們傳授佛法給每一個人的緣故。這並非僅僅是紙上的傳承，這主觀性的一面一直與我們同在，此點向來都被強調，並且也從未失去眞理客觀性的那一面。

　　有時候，人們稱自己爲「精神性的」，忽略眞理客觀性的那一面向，這也是一個錯誤。但是執取眞理客觀性的那一面，並以一種閒散的心態來倚賴它，是沒有任何幫助的。雖然我們能登陸月球，但那並沒有多大用處。只要我們仍然依賴客觀的、科學性的眞理實相，就無所助益。只有當我們每個人眞正感覺到眞理實相，賞識它，接受它，隨時準備好遵循它，才會有作用。當一個人將自己置身於實相之外，以研究實相，事情一旦發生在他身上的時候，他不會知道該怎麼做的。

　　在一則中國古代的傳說中，有一個人非常喜愛龍，總是談論著龍，畫了許多的龍，也買了各種龍形器物。後來，有條龍想著：「如果像我這般眞實的一條龍親自去拜訪他，他一定會極爲高興。」有一天，這條眞龍突如其來地出現在他的房間，他卻完完全全不知如何是好！哇！他無法跑開，甚至站不直身子！長久以來，我們就像是這位讚美、喜愛龍的人，但是我們不能僅是龍的朋友或仰慕者；我們應該成爲龍的本身，然後，我們將不再懼怕任何的龍。

　　所以，我們預備以主觀及客觀方式，研習我們之道。當你這樣修行，坐禪會變成你自己的坐禪，而且，正如你是佛陀一樣，你會用許多不同的方法來表現你的眞性。那是從修

行的形式裡解脫。不論你做什麼，你將是眞實的自己，你將
是眞實的佛陀。在懷有這種理解的修行，以及對形式、指導
和教法浮面理解的怠惰修行之間，兩者有很大的差別，畢竟
如佛陀所說，沒有人可以讓你依靠，所以你應該成爲一切事
物的老闆。然後你將領會佛陀的教誨和我們的修行如同自己
的東西。

　　非常感謝各位。

站在大地上

「大地不一定都是一樣的，有時是一根棍子，或者是一個石頭，甚至可能是一片水。基礎……的意思是指一切事物，並不是只意謂『大地』而已。是說，修行我們之道，而不去重複同樣的經驗。」

當我們談到實相，是去理解如何在坐禪和每天的生活中修習我們之道。道元禪師談到實相的本質時，所使用的中文或日語是「恁麼」（日音 immo），意思是「如是」或「只此是」，也可以是一個問號：「這是什麼？」

「恁麼」也可以是「它」。在英語中我們說：「它很炎熱。」這個「它」是同一個字，意義相同於當你說：「（它）現在是九點鐘。」你用「它」來指稱時間或氣候，但不只是時間或氣候，每件事物事實上都是「它」。你知道的，「我們」也是「它」，但是我們不說「它」來取代「它」，我們說「他」或「她」，「我（的受格 me）」或「我（的主格 I）」，然而實際上我們意指「它」。所以，如果每件事皆為「它」的話，它也同時是一個問號；當我說「它」，你不會知道我到底在說什麼，於是你也許要問說：「『它』是什麼？」

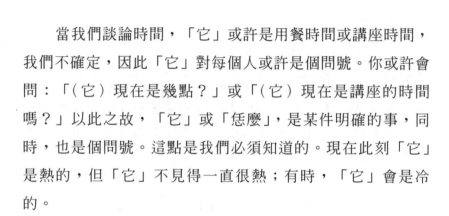

當我們談論時間，「它」或許是用餐時間或講座時間，我們不確定，因此「它」對每個人或許是個問號。你或許會問：「（它）現在是幾點？」或「（它）現在是講座的時間嗎？」以此之故，「它」或「恁麼」，是某件明確的事，同時，也是個問號。這點是我們必須知道的。現在此刻「它」是熱的，但「它」不見得一直很熱；有時，「它」會是冷的。

當我們談論時間，我們可以知道時間是持續不斷的，同時也可以相當明確。當我們說「它」是八點半，我們指出了某一個時間，所以時間便中斷了。然而時間的本質是持續不斷的，所以那個字有兩面意思：持續和中斷。那便是實相的本質。

道元禪師談修行，不是作為一件特別的事，而是一件持續不斷的事，一件與一切事物混合的事情。他說：「如果你跌落在地上，就以大地為基，站起身來。」你懂這意思嗎？假如你跌落於地，你從那地點再度站起。他也說：「倘若你跌落在地上，以空無為基，站起身來。」若不去討論為什麼是如此，便不能夠對我們的教法有完整的理解。

現實上，我們以大地為基，如此站立，但是道元禪師說

我們不應如是。這是什麼意思呢？如果你一直以為可以從大地上站起來，你不在乎跌倒，那麼，你將相當輕易地跌倒。你會有這種想法：「沒有關係。如果我跌倒，我可以從地上站起來。」若我們用這類的偏頗見解，或以輕而易舉的念頭去修行，那是錯誤的修行。

　　這點是很重要的。這有如開悟。如果你依賴、仰仗開悟，你將像某個容易犯錯、跌倒在地的人，要倚靠大地的幫忙。你明白嗎？這是很細膩、精微的要點。當然，我們必須從地上站起來，但是如果我們總是執著於大地的助力這一想法，將失去跌落地面的真實意義。換句話說，雖然我們犯錯，我們不應該犯許多同樣的錯誤而認為沒有問題，只因為我們知道如何站起身來。

　　當我們談到實相時，並不是這個意思。事情不會再次以相同的方式發生。大地不一定都是一樣的，有時是一根棍子，或者是一顆石頭，它甚至可能是一片水。基礎是「它」，你知道，「它」的意思是指一切事物，並不是只意謂「大地」而已。是說，修行我們之道，而不去重複同樣的經驗。

　　所以在我們的修行裡，沒有可倚賴的事。但是就另一面

來說，總有一些事物來供給你，一直是如此。根據情況，你
會有一些協助幫助你修行我們之道。即使是雙腿酸痛，也是
種幫助。以你所有的疼痛，你修行道。這痛處，正是
「它」。「它」是每一件事，同時，「它」可以是某些確切的
經驗或特別的麻煩。「它」可能是昏沉；「它」也許是飢餓
感；「它」或者是炎熱的天氣。因此，炎熱的氣候或涼爽的
好天、飢餓、蚊子，或腿上的酸痛，都可以是修行的支助，
在這些覺受上，你能站起身來建立你的修行。所以不只是佛
陀的教誨，每件事都能夠作爲我們的助力。

「恁麼事」（日音 immo-ji）指的是「事情」，而「恁麼人」
（immo-nin）指的是「某一個修習坐禪的人」。「某人在修習
某事」——那是實相。或者我們可以說：「某人正在做某
事。」那麼，「恁麼」便中斷了，有特定的存在，有其形式
或顏色。但是，如道元禪師所說的，禪的修行是件持續不斷
的事，是與所有事物相混合的事。

若是如此，「某人修習坐禪」已包含了一切事物。一個
人不能與這個世界分離。某一行動，若無整個世界作爲背
景，則不能存在；某一事件，亦不能與其他的事件分隔。所
以「某人」、「做」和「某事」，是同樣的事，你知道的。假

如他們是同一件事，我們便能夠說「某事」，「某事」，「某事」。那是什麼呢？那是完全的開悟，每一件事都以此方式發生。因此，如果你執著於助力或開悟的想法，那已經是一個錯誤；你已經將自己與一切事物分開了。

有人或許會說：「喔，他研習曹洞禪，但是他否認開悟的經驗。」這是不正確的說法。我們曹洞子弟不執著於任何事。我們擁有全副修行的自由、表達的自由。我們的修行是眞正本性或實相的活生生表現。所以對我們來說，不可能執著於任何事上。一刻接著一刻的，我們以新鮮的方式來修行。

我們的修行應該獨立於過去的修行與未來的修行，不能夠爲了某些未來的成就，犧牲現前的修行。因爲所有的佛陀以這樣的方法證得開悟；未來的諸佛也將以這樣的方式證得開悟。「以這樣的方式」是說，不依任何特定的方式——有時或許是曹洞之道，有時或許是臨濟之道。根據情況，也有可能是其他宗派的方式。

某人也許在看到一朵花或聽到一個聲響時證得開悟；另有某人或許在泡熱水浴或上廁所的時候證得開悟。富人和窮人皆以不同的途徑得到證悟。所以實際上，既無曹洞之道，

亦無臨濟之道。

　　我們以十分抽象的方式討論修行，然而，真實的意義如下：不管是什麼，我們都應安然接受。一刻一刻的，以各種不同的方式，修習我們之道。沒有其他的方式可證得開悟。

　　非常感謝各位。

足夠的問題

「在你能夠接受問題、處境之前，你無法如實接受自己……當你有足夠的耐心，而且能等待，直到那問題對你呈顯出意義時，你便能夠欣賞你在此處的存在和位置，不論如何。」

這是我們第七天、也是最後一天的禪七。我們已經到達這裡，所以，千萬不能放棄！唯一之道，便是停留在此，堅持下去。我覺得我有非常好的收成；你們也許覺得自己還不成熟，但是即使你仍邁向成熟的狀態中，如果繼續留在我們的倉庫裡，將會成為滋味極佳的蘋果。所以我不需擔心，而且我認為你對修行也沒有什麼好操心的。

你們當中有些人來打七的原因，或許是因為你有許多問題。你想著，如果禪坐七天，將會解決問題；但是，不管你有什麼樣的問題，總是能夠被化解的。佛陀不至於給你超過你能力所及、或多過你所能承受的問題。不論問題是什麼，會剛剛好足夠，恰如其分。如果問題太少，佛陀會預備好給你多一點問題，所以你能去欣賞你的麻煩。佛陀總是給予你某些東西；假如你沒有任何需要應付的事，你的生命將感覺空虛。因此我認為你應該信任佛陀。一個沒有問題、麻煩的

生命，就有如坐在這禪堂裡七天，卻不去做任何事情。

　　在禪堂打坐七天，你生出許多的問題。你或許以為比起每天的日常生活，打坐時有更多的問題。事實上，你是在發現向來就有的問題，但你未曾注意到，因為你被某些事所愚弄。當你沒有覺察出問題時，它們將會突如其來地出現。所有發生的問題都是你本來就具有的，但是因為你忽略了它，你毫不期待它乍然現前。所以，最好儘快看清問題。

　　曹洞子弟坐禪時，面對牆壁。佛陀在你的背面，而且你信任他。如果你完完全全地信任他，就沒有必要面向佛陀。這是一種全然信任的態度。你的敵人或麻煩會從背後，而不會從前方冒出來。所以向佛陀展露你的背部，表示對佛全然的信任。

　　即使你覺得有太多的問題，當你信任佛陀，你可以和自己的問題一起打坐。同時，你應該準備好去拒絕一個問題，如果它實在超過你的負荷。佛陀也許會說：「如果你真的不需要這個問題，我會隨時接受它；把它還給我吧！」但是，逐漸地，這問題將變成你需要的東西。你會想說：「若我拒絕這個問題，我可要後悔的。既然我不知道這到底是一真實的問題，還是佛陀對我的幫助，也許還是保留它才對。」如果你以這樣的方式打坐，將發現問題對你來說是甚有價值、

不可或缺的珍寶。

在你能接受問題、處境之前，你無法如實接受自己，你不能夠真確地坐禪。若你能使自己的心平穩沉靜，信任佛陀，並且只管打坐，那麼，你將不會再有任何的迷惑或問題。當你有足夠的耐心，而且能等待，直到那問題對你呈顯出意義時，你便能夠欣賞你在此處的存在和位置，不論如何。那是你修習坐禪之道。

在你修習坐禪的時候，沒有必要期待佛陀來解決你的問題。佛陀已經在幫助你了，但是通常我們會拒絕佛陀所提供給我們的。當你要求援助，你是在要求那還未到來的事物；你其實是在拒絕接受你本來就有的珍寶。你像隻小豬仔。小時候，我的父親很窮，他養了幾條豬。如果你給豬仔一桶豬食，只要你還站在那裡，牠們是不會吃的，牠們期待你給得更多。若你太快離開，牠們會踢倒裝著豬食的桶子，追著你跑，所以你要非常小心。

我想這是你們在做的事。不去應對你的問題，反而去找尋其他的事物，因此讓自己產生了更多的問題。沒有必要去尋覓任何事。你已有充分的問題和麻煩，剛剛好足夠。這是一件神祕的事，是生命的神奇。我們恰好擁有足夠的問題，既不太多，也不太少，所以不需去祈求他人的幫忙。

　　如果你有足夠的耐性，如果你夠堅強去接受問題，然後你能沉靜、平和地打坐，信任佛陀，信任自己的存在。因為你受到支援，因為支援你的方式是完美無缺的，所以你存在於這裡。太多或是太少，你都將死亡。你只是在接收剛好是你所需要的。因此，唯一之道，即是相信佛陀，相信你在此地的存在。那便是我們所稱的「禪」。

　　你也許認為所有的禪師都太嚴苛了。在你需要他嚴格的時候，他看起來很嚴格，但是他並非那麼嚴苛——僅僅是對你有恰如其分的嚴苛罷了，只是如此！事實上，如果你知曉如何修習坐禪的話，你並不需要老師。

　　我希望你們只是打坐，並準備好前去市場，好像是熟透待沽的蘋果般。讓我們全然欣賞我們的修行，好好地打坐吧！

　　非常感謝各位。

日面佛，月面佛

「日面佛是好的，月面佛也是好的，不管它是什麼，都是好的──一切事物皆是佛。甚至，那裡並無有佛的存在呢！」

　　最近我經常臥病在床。因為我修習坐禪多年，有的人或許會說：「他應該是不會感冒或被傳染到流行性感冒的⋯⋯但他躺在病榻上好幾天了，是不是有點奇怪呢？」我們也許相信坐禪將使得我們身體強壯，心理健康，但是「強健的心靈」，並不只是一般所謂的健康之意；虛弱的身體，也非僅只是虛弱的身體。不論是孱弱或強壯，當那弱點或力量是基於我們所稱的真理或佛性之時，便是一個健康的心靈和強壯的身體。

　　我的聲音或許還不夠有力，但今天我要嘗試一下。不論是否成功或我是否能開示，都不是大問題。不管什麼發生在我們身上，皆是應該發生的事。我們修行的意義，即是擁有這樣全然的沉靜。

　　在禪門典籍《碧巖錄》中，有一則關於馬祖道一（709-788）的公案。馬祖的體型碩大，身強力壯，是一個有著龐

大身軀的人。有一次馬祖生病了，照管寺院的主僧前去拜訪他，並問說：「你近況如何？你還好嗎？還是不怎麼好？」馬祖回答說：「日面佛，月面佛。」

日面佛的壽命據說活到一千八百歲，而月面佛則只活了一日一夜。當我生病的時候，我是那尊月面佛；然而當我健健康康時，我便是一尊日面佛。但是日面佛或月面佛並沒有特殊意義，不論我是生病或是強健無疾，我仍然在修習坐禪；毫無差別。雖然我躺在病床上，但我是佛，所以不必擔憂我的健康。

這是相當簡單易懂的。不管什麼事發生在馬祖道一身上，他都能安然處之，接受事物如其本然。但是我們呢，我們不能接受每一件事。我們也許能接受那些我們以為的好事，然而，若我們不喜歡某事，就不願接受它。而且我們會比較：「他是位真正的禪師，而另外這一位就不是。」或「他是一個很優秀的禪門子弟，我卻不是。」這樣的理解也許稀鬆平常，但是最後你將無法辨別哪一個想法更為可靠。

重點是去成就完全的沉穩平靜。隨著比較性的想法而有的一般性努力，不會幫助你。證得開悟的意思是指在生活裡有全然的沉靜，無有任何的分別心。但是同時，這不是說要

執著於「無分別」的態度，因爲那樣也是一種分別心。

當我仍在日本時，我有一些學禪的學生，其中有的非常富裕，具有影響力；其他的有學生、木匠或各行工人等等。日本人對待市長或老師等人，與對待一般人大爲不同，我們和這類人交談時，用不同的語法。但是我總是告訴弟子：「如果你是習禪的人，應該忘卻你的職位、工作或頭銜，不然的話，你不能以坐禪的眞實精神來修行。」

當你打坐的時候，我會說：「不要思想。」「不要思想」的意思，是說不要以好或壞、重或輕的方式對待事情，只要接受事物如其本然的狀態。即使你不想，你或許會聽到一些聲音；通常在你聽見的那一刹那，你的反應是：「那是什麼？」「那是一部汽車，」或「那眞吵，也許是一輛摩托車。」

坐禪時，你應該只是聽見大小聲音而不被干擾。看來好像不可能，特別是對初學者，因爲那一刻，當你聽見了，反應作用就接著產生。但是，若你修習坐禪，如果你繼續地、只是去接受事物如其本然，最後，你將能夠做到這樣。你能如此去做的方法，是專注在你的姿勢或呼吸上。

日本武士修習坐禪，以駕御其劍。只要他懼怕喪失性

命，就不能以全副力量來行動。當他從殺或被殺的念頭中解脫時，可以只是反應於敵人的一舉一動而達到勝利。如果他試著要贏，或許會失敗。畏懼，限制了你的活動，所以修習如何無畏地行動是一件最重要的事。雖然在戰場上這關乎存亡，但武士的戰鬥是在禪堂中。

　　我們每天的尋常生活沒有那種情境，因此我們不覺得有同樣的必要性來修禪。然而，人的問題之所以產生，是因為我們努力要達到某事，而這限制了我們的行動，所以我們不能夠達成任何事。

　　我們應以兩種方式來理解每天的生活，並且可以毫無疑問的從任何一個方式來反應。其一，是相對性地了解——好或壞，對或錯——然後，我們盡力以這些條件去理解事情。然而，我們也應該可以放下這相對二元的理解，於是所有的一切皆為一。那是另一種了解，對「一體」的了然於心。

　　所以，你應當要能夠用這兩種方式來接受事物，但是這還不夠，這仍是二元對立性的。不去想「這是兩種理解方式中的一種」，你有從一種方式轉移到另一種方式的自由。於是，你不再被你的理解所限。不管你做何事，都將是修行的偉大行動。

　　日面佛是好的，月面佛也是好的，不管它是什麼，都是

好的——一切事物皆是佛。甚至，那裡並無有佛的存在呢！當你不理解佛陀，你會顧慮到我說沒有佛陀：「你是一位僧眾吧，你怎能說沒有佛呢？你為什麼誦經、為什麼向佛頂禮呢？」因為沒有佛，所以我們向佛頂禮；若你向佛頂禮是因為那裡有尊佛，那不是對佛的真正了解。日面佛，月面佛，都沒有問題。不論我在塔撒加拉或在舊金山的禪中心，都沒有問題。即使我死去了，對我沒有問題，對你亦然；如果有問題的話，那你不是禪門子弟。那是完全毫無問題的，那即是佛。

如果我在瀕死之際受苦，那是受苦佛，其中無有迷惑。或許每個人因為肉體或精神上的極大痛苦，會在臨死前掙扎，但那沒有問題。我們應該對於你或我所擁有的這個有限的軀體抱持感激之心，如果你有無限的生命，對你來說，將成為一個巨大的問題。

我內人最喜歡的電視節目裡，有一些長久以前逝去的鬼魂，他們出現在世上，為自己和別人製造許多麻煩。那是必然發生的狀況。人就是人，我們只能以有限的身軀來享受生命。這一限制，是核心要點。若無界限，無有一物能存在，所以，我們應享受我們的身體：虛弱的身體、強健的身體、男身或女身。享受生命的唯一法門，是去享受我們所被賦予

的限制。

「日面佛，月面佛」，不是指要變得冷淡、漠不關心：「我不在乎究竟是日面佛，還是月面佛。」這是指不管是什麼，我們只是去享受。這也是超越「不執著」，因為當我們的執著到達不執著的那點時，那是真正的執著。如果你執著於某事，就完完全全地、徹徹底底地執著於它。日面佛，月面佛！「我在此處，我就在此處。」這種自信心是非常重要的。當你對自己、對你的存在懷有這樣的信心，你能夠修行真實的坐禪，超越完美或不完美，好的或壞的。

非常感謝各位。

如蛙之禪坐

「青蛙正是我們修行的好例子。當你修行了相當長的一段時間，你會發笑的，部分是針對那些涉及錯誤修行觀點的人，部分是針對自己，你總是坐著，不做任何事，也沒有多少進展。」

最近我在一本日曆上看到一幅仙崖和尚（Sengai）的水墨，他畫了一隻青蛙，上面所題的字是：「如果我們能經由坐禪而成佛……」他並沒有說更多，但是我們可以想像這隻青蛙在想什麼：「假如人們能由經禪坐修行而成佛，那麼我也可以成為一尊佛了。」（聽眾笑）我們之中對修行略有了解的人，當見到某些人企圖以坐禪成就開悟時，我們或許會想：「喔，他坐得真像隻青蛙呢！」

實際上，青蛙打坐的方式比我們的坐禪好太多了。我總是讚佩牠們的修行工夫。牠們從不昏沉，眼睛總是睜開著，並且用合適的方法直覺行事。當可食用的小生靈經過，牠們像這樣：「咕嚕！」從未錯失任何目標，總是保持沉著靜定。我希望自己可以成為一隻青蛙。

若是你領會到仙崖和尚在他的青蛙圖裡所要表達的，你已經理解禪是什麼了。在他的圖畫中有不少幽默，以及對修

行的良好理解。即使我們的修行不比青蛙來得好，我們繼續打坐。當你修行了相當長的一段時間，你會發笑的，部分是針對那些涉及錯誤修行觀點的人，部分是針對自己，你總是坐著，不做任何事，也沒有多少進展。你會嘲笑自己。當你能夠嘲笑自己時，那是開悟。

　　你的禪修仍然只是初學者的坐禪，有時甚至比初學者還糟。有時候當我見到一個學生修得很好，我覺得相當羞愧：「喔，他真是好極了。」我希望自己能再度那樣年輕，但是已經太遲了。無論如何，我們修習打坐沒法比青蛙更好，但沒有關係。看見某個人精進修行、坐禪坐得好，是很具鼓舞作用的，不只是對我，對每個人都是。如果你的坐禪夠好，給予人深刻的印象，那麼，你的坐禪工夫頗佳，即使你不並這樣想。同樣地，雖然你認為自己的坐禪非常地了不得，你對自己的開悟經驗很感驕傲，但若你的坐禪無法鼓舞任何人，那也許是錯誤的修行。

　　當我們談論戒律，我們說不要做這或不要做那，但是如果你在從事某件好事，像是坐禪，你不能在同一時間也做壞事。若你持續地行好，便是遵守我們的戒律之道。所以重點是只管打坐，忘卻聲名或利益，只是為了坐禪而打坐。那即是有一顆真正的求道之心，尋找你最內裡深處的欲望。

　　有求道之心的修行會磨利你的直覺，然後你在選擇上將有較少的困難。下決定時，你試著了知什麼是好的，什麼是壞的，所以經由互相比較二物，你可以購買或得到某件優良的物品。也許你努力要從各式各樣的顏色、質材的布料中反覆挑選，但即使花了兩、三天，最後你或許挑了一塊並不適合你的布料。你再回去那家布店，幸運的話，他們將讓你退還並更換其他物品。

　　不要說這種修行是無用的，這實際上是邁向我們之道的第一步。如何有良好的修行，與如何為自己購買合適的物品是一樣的。當你不過度地捲入其中瘋狂採購，你會買到適當的東西。

　　當你知道怎樣運用直覺感的祕密，你的行為會從各種的約束中解脫，而你也會在每天的生活裡找到你的途徑。直到你了解為什麼要修習坐禪，以及什麼是實際真正的行動、直覺行動，並從各類的欲望和約束中解脫之前，要領會到什麼是好的修行是很困難的。然而，持續修行下去是好的，一點一滴地，在不知道如何得到那種直覺行動的狀況下，你將得到它。所以，修習某一些艱難而特別的方法，很是愚蠢；禪的修行已經很困難，而只有經由坐禪修行，許許多多的大師獲得了──沒有其他的字眼，因此我說「獲得」──開悟，

而成為眞正的佛陀。

　　若你理解眞確的修行，那麼弓道或其他活動也是禪。如果你不知道如何以弓道的眞義來修習，即使勤奮練習，你所學得的不過是技巧，不能徹底地幫助你。也許你能不費力地射中箭靶，但是若無弓與箭，你不能夠做任何事。假如你理解修行的要點，即便沒有弓和箭，弓道會助你一臂之力。你怎麼樣得到那種力量或能力，只能透過正確的修習。道元禪師說，要有正確的修行，須有一位好老師，並且接收正確的指導，不然，你是不會理解禪的。

　　只要繼續這正確的修行或基礎的修行，就是最重要不過的事了。

　　非常感謝各位。

英文版編者記

英文版編者記

　　幾年前，舊金山禪中心邀請我編輯鈴木禪師的演講。一開始我相當猶豫，因為我從未認為我對禪師的言語有任何獨一無二或特別的理解；最後，我同意進行這份工作。決定去信任他人對我的信任。

　　我從閱讀禪師演講的謄錄稿開始，並揀選那些吸引我的篇章，我的目標並不著重於累積禪師不同教法的佳例，而是一些有啓發性的──通常集中於某一特定的形象，不論那是一隻青蛙，一隻烏龜，或一頭大象；有關糙米或大地；有關眞摯或專注。然後，一點一點地我開始編輯，過程非常緩慢。我很早就下決心要保存每一獨立篇章的完整性，而不作剪剪貼貼的工程。

　　首先，我作了一些微細的更動：像是刪掉「嗯」和「你知道的」這些地方，以及鈴木禪師也許在開始進入所要陳述的主題之前重複兩三次的語法，使其成爲一個單句。我也刪除了累贅的部分，因爲在實際的演講時重複說明是很有用的，但書寫下來的文字稿，讀者可以反覆地閱讀他們第一次遺漏的部分。第三次編輯時，我使得講稿的結構更爲緊密，同時意欲保留鈴木禪師運用語言時的特異質地：「應該」和

「必須」；許多的「這類的」，如在「這種的修行裡」或「這種的理解」；以及轉換許多的「你們」和「我們」；時態的改變；還有他使用頻繁的「某些」（some），改成通常指稱冠詞的「一個」。

雖然我想要儘可能地維持鈴木禪師的聲音語調，最後我仍著手編刪他大量的日本口語，使它們更接近於一般的英文慣用語法。例如說，有不少「應該」的語句改成「你」開頭的語句或簡單的祈使句：「你應該覺醒過來」也許成為「覺醒過來」。在深入這一修整步驟之前，我開始和另一位鈴木禪師的弟子宗純・梅爾・衛滋曼（Sojun Mel Weitsman）合作，我們一起閱讀了整份講稿，澄清了其中對「我們」或「你們」的用法，使動詞時態標準化，並加入適切的冠詞等。再次地，我們企圖儘量保存鈴木禪師的語言，但同時我們的目的在清晰度和可讀性，希望沒有因而犧牲了他講說的內容。

由於我們共同編輯，當我們二人皆同意更動某一點時，給予我們信心繼續工作下去；而我們也發現，對於如何呈現這本書的材料，我們分享著類似的敏銳度。

後來更多的人閱讀了書稿：玲達・海思（Linda Hess）、卡洛・威廉（Carol Williams）、蘿莉・莎蕾

（Laurie Schley）、諾曼·費雪（Norman Fisher）、 邁克·溫格爾（Michael Wenger）、麥克·凱茲（Michael Katz）。在每一次審閱之後，我會考察他們所提出的編輯建議，然後梅爾和我會再次詳閱，決定是否要因應回覆，或如何作出反應。再度強調的是，我們的意圖是要保存禪師的語氣，並且作最小程度的「修改」或「澄清」。有時候我們無法回答某些意見，像是「這裡不清楚」或是「我不明白這一點」。有時最好的方法，似乎就是讓讀者自己去沉思禪師的用語。

現在這個過程已經接近尾聲，我了解到最後的結果與原先的謄錄稿相當不同。我希望也相信我們已公道地對待了本來的演講辭；但是儘管我無法對我們的努力做出獨立的評斷（而鈴木禪師也不只一次地提議，一種客觀的門徑也許不見得特別有用），我很肯定的是我（以及梅爾親切和慷慨的協助、支援）的確以關注和小心來進行此一工作，緩慢地，一步一步地。如果有人想研究未經任何編刪的講稿版本，在禪中心的圖書館可找到，而且我們最終或許會以那種形式來出版。

在保存和將鈴木禪師教法呈現給大眾的努力中，我對持續他在我們學生身上弘揚佛教的努力，感到有所自信。然而，如果有任何的錯誤、疏失或不連貫之處，我擔負其責。

我相信賴讀者將是寬大的。

任何加入的註解，並非來自鈴木禪師原本的話語，我以括號表示。

書稿中有一些鈴木禪師使用頻繁的日本字——尤其是：只管打坐（shikantaza）、坐禪（zazen）、經行（kinhin）、接心（sesshin）、禪堂（zendo）——沒有用斜體字。對這些辭彙的簡明解說放在〈緒論〉中。其他的外國語詞則用斜體字標出，並在內文中作了解釋。（編按：翻譯成中文時未保留英文。）

也許我前一本書《塔撒加拉麵包書》（*The Tassajara Bread Book*）的經驗，畢竟是有用的。早先此書在一九七○年出版，當我在一九八五年重新修訂此書時，發現自己竟不自覺地以鈴木禪師的英文語法寫下了整本書：「把麵包放在木板上，以手揉捏。」由於和一群學生經常與鈴木禪師朝夕相處，無意中我學會以他的方式說話，不知不覺地遺漏了大部分的冠詞和代名詞。十五年間沒有人對我提起任何事。因此我決定把冠詞和代名詞放進去：「把麵包放在木板上，以你的手來揉捏它。」此後又經過十五年，還是沒有人向我表達任何意見。該怎麼做？哪一個語法較眞實？或更爲直接？或是，這只是一種說話的習慣，如果我或鈴木禪師知道怎麼

說會更好的話，我們會更正的？我並不確切知道，然而，我
已經跟隨了我的心以及我對禪師和對他教導的愛意而行。

壽山海寧

愛德華·艾思比·布朗

二○○一年　五月

延伸閱讀

布朗，愛德華・艾思比（Brown, Edward Espe），《塔撒加拉麵包書》（*The Tassajara Bread Book*），Shambhala，1986年修訂版。

布朗，愛德華・艾思比（Brown, Edward Espe），《塔撒加拉食譜》（*The Tassajara Recipe Book*），Shambhala，2000年修訂版。

布朗，愛德華・艾思比（Brown, Edward Espe），《番茄的加持與蘿蔔的開示》（*Tomato Blessings and Radish Teachings: Recipe and Reflections*），Riverhead Books，1997。

查德衛克，大衛（Chadwick, David），《彎曲的黃瓜》（*Crooked Cucumber: The Life and Zen Teaching of Shunryu Suzuki*），Broadway Books，1999。

查德衛克，大衛（Chadwick, David），《照亮世界的一隅》（*To Shine One Corner of the World: Moments with Shunryu Suzuki*），Broadway Books，2001。

鈴木俊隆（Suzuki, Shunryu），《支派暗流注──參同契

講錄》（*Branching Streams Flow in the Darkness: Lectures on the Sandokai*），University of California Press，1999。

鈴木俊隆（Suzuki, Shunryu），《禪心，初學者之心》（*Zen Mind, Beginner's Mind*，中譯本書名為《禪者的初心》，橡樹林出版），Weatherhill，1970。

《風鈴──舊金山禪中心法教彙輯》（*Wind Bell: Teaching from the San Francisco Zen Center, 1968-2001*），North Atlantic Books，2002。

橡樹林文化全書目

JB0035	拙火之樂－那洛六瑜伽修行心要	圖敦‧耶喜喇嘛◎著	280元
JB0036	心與科學的交會	亞瑟‧札炯克◎著	330元
JB0037	你可以，愛	一行禪師◎著	220元
JB0038	專注力－禪修10階釋放心智潛能	B‧艾倫‧華勒士◎著	250元
JB0039	輪迴的故事	慈誠羅珠堪布◎著	270元
JB0040	成佛的藍圖	堪千創古仁波切◎著	270元

【唐卡系列】

| JC0001C | 探索西藏唐卡（精裝） | 張宏實◎著 | 1,500元 |

【甘比羅佛法寓言系列】

| JG0001D | 我看見了（平裝） | 甘比羅◎著 | 169元 |
| JG0002D | 扛石頭的人（平裝） | 甘比羅◎著 | 199元 |

【小百科系列】

JM0001	觀音小百科	顏素慧◎著	420元
JM0002	釋迦牟尼小百科	顏素慧◎著	420元
JM0003C	圖解桑奇佛塔（精裝）	林許文二、陳師蘭◎著	480元
JM0004	文殊菩薩小百科	釋見介◎著	420元
JM0005	地藏菩薩小百科	翁瑜敏◎著	380元
JM0006	財神小百科－藏傳佛教的財寶本尊	翁瑜敏、余怡◎著	350元

【眾生系列】

JP0001	大寶法王傳奇	何謹◎著	200元
JP0002	當和尚遇到鑽石	麥可‧羅區◎著	320元
JP0003	尋找上師	陳念萱◎著	200元
JP0004	祈福DIY	蔡春娉◎著	250元
JP0005	根本沒煩惱	辜琮瑜◎著	200元
JP0006	遇見巴伽活佛	溫普林◎著	280元
JP0007	苦啊！土星	徐清原、陳世慧◎著	200元
JP0008	學會說再見	茱蒂絲‧利弗◎著	240元
JP0009	當吉他手遇見禪	菲利浦‧利夫‧須藤◎著	220元
JP0010	當牛仔褲遇見佛陀	蘇密‧隆敦◎著	250元
JP0011	心念的賽局	約瑟夫‧帕蘭特◎著	250元
JP0012	佛陀的女兒	艾美‧史密特◎著	220元
JP0013	師父笑呵呵	麻花桂花 ◎著	220元
JP0014	菜鳥沙彌變高僧	盛宗永興◎著	220元
JP0015	不要綁架自己	雪倫‧薩爾茲堡◎著	240元

善知識系列JB0041

事情並非總是如此——禪的眞義

作　　者：鈴木俊隆
譯　　者：蔡雅琴
封面設計：黃健民
內頁版型：吳懿儒

總 編 輯	張嘉芳
編　　輯	丁品方
業　　務	顏宏紋
出　　版	橡樹林文化
	城邦文化事業股份有限公司
	104台北市民生東路二段141號5樓
	電話：(02)25007696 傳眞：(02)25001951
發　　行	英屬蓋曼群島商家庭傳媒股份有限公司城邦分公司
	104台北市民生東路二段141號2樓
	客服服務專線：(02)25007718；(02)25001991
	24小時傳眞專線：(02)25001990；25001991
	服務時間：週一至週五上午09:30-12:00；下午13:30-17:00
	劃撥帳號：19863813；戶名：書虫股份有限公司
	讀者服務信箱：service@readingclub.com.tw
香港發行所	城邦（香港）出版集團有限公司
	香港灣仔駱克道193號東超商業中心1樓
	電話：(852)25086231 傳眞：(852)25789337
	E-mail: hkcite@biznetvigator.com
馬新發行所	城邦（馬新）出版集團【Cité (M) Sdn.Bhd. (458372 U)】
	41, Jalan Radin Anum, Bander Baru Sri Petaling,
	57000 Kuala Lumpur, Malaysia
	電話：(603)90578822　傳眞：(603)90576622
	E-mail: cite@cite.com.my
印　　刷	中原造像股份有限公司

初版一刷　　2007年8月
初版四刷　　2021年1月
ISBN：　　978-986-7884-71-8
定價：240 元

城邦讀書花園
www.cite.com.tw

國家圖書館出版品預行編目資料

事情並非總是如此：禪的真義 / 鈴木俊隆著；
　蔡雅琴譯. -- 初版. -- 臺北市：橡樹林文
化，城邦文化出版：家庭傳媒城邦分公司發
行，2007.08
　　面　；　公分. --（善知識系列；JB0041）
譯自　：　Not always so : practicing the
true spirit of Zen
　ISBN 978-986-7884-71-8（平裝）

1. 禪宗 2. 佛教修持

225.791　　　　　　　　　96013704